GRANDES ÍDOLOS DO
PALMEIRAS

Dados Internacionais de Catalogação na Publicação (CIP)
(Câmara Brasileira do Livro, SP, Brasil)

Martinez, André
    Grandes ídolos do Palmeiras / André Martinez. --
1. ed. -- São Paulo : Ícone, 2011. --
(Coleção grandes ídolos do futebol)

    Bibliografia.

    1. Jornalismo esportivo - Brasil 2. Sociedade
Esportiva Palmeiras - História I. Título.
II. Série.

10-11714   CDD-796.3340608161

Índices para catálogo sistemático:

1. Sociedade Esportiva Palmeiras : História
      796.3340608161

GRANDES ÍDOLOS DO
PALMEIRAS

André Martinez

Coleção Grandes Ídolos do Futebol

1ª edição
Brasil – 2011

© Copyright 2011.
Ícone Editora Ltda.

Coleção Grandes Ídolos do Futebol

Projeto gráfico, capa e diagramação
Richard Veiga

Revisão
Claudia Cristina de Souza
Marsely De Marco Dantas

Proibida a reprodução total ou parcial desta obra,
de qualquer forma ou meio eletrônico, mecânico,
inclusive através de processos xerográficos, sem
permissão expressa do editor (Lei n° 9.610/98).

Todos os direitos reservados pela
ÍCONE EDITORA LTDA.
Rua Anhanguera, 56 – Barra Funda
CEP 01135-000 – São Paulo – SP
Tel./Fax.: (11) 3392-7771
www.iconeeditora.com.br
e-mail: iconevendas@iconeeditora.com.br

PREFÁCIO

Tarefa difícil

Como escolher dez grandes ídolos em meio a uma autêntica constelação de heróis? Tarefa difícil, mas ao mesmo tempo muito prazerosa. Afinal de contas, quem não gosta de viajar pela história dos maiores clubes de futebol do Brasil e do mundo sabendo um pouco mais a respeito de seus maiores ídolos? Quem não admira os grandes feitos dos "artistas da bola" que fizeram a epopeia máxima de seu clube de coração por sua raça, determinação e amor à camisa?

Esses mesmos heróis fazem parte do nosso dia a dia, pois diariamente são comentados nas rodas de amigos, nos bares de esquina, nas várias atividades profissionais, nas escolas ou simplesmente no imaginário de cada torcedor, mesmo que seu futebol mágico já esteja num passado distante e glorioso.

Um ídolo de verdade não morre e nunca será esquecido. Ele é sempre imortalizado, colocado à frente das emoções e das frustrações. Algumas vezes de forma até irracional, é verdade. Mas fazer o quê? Afinal de contas, ídolo é ídolo e pronto!

Quem nunca se emocionou com esse super-herói? Quem nunca vibrou com uma jogada maravilhosa? Um gol de placa? Ou simplesmente com sua presença em campo? Quem nunca sonhou em um dia estar ao lado de seu ídolo do futebol? Tais sentimentos começam quando crianças, mas duram a eternidade. Quanta felicidade o futebol traz para a vida da gente!

Certamente nem todos concordarão com os ídolos abordados neste livro; muitas vezes, aquele que foi épico para um, não foi para o outro e vice-versa. Já ouvi até mesmo dizer que Pelé não jogava nada, que Maradona não sabia marcar gols e que Garrincha era enganação; enfim, vai entender? A série Top 10 vem exatamente para acalorar essa polêmica. O livro chega para ser motivo de debates entre torcedores, rivais ou não rivais, cujos ídolos possam ser relembrados e exaltados por aqueles que fazem o espetáculo do futebol nas arquibancadas – a torcida.

Peço desculpas caso alguém não concorde com um ídolo aqui presente ou sinta a falta de algum outro nome, mas como disse anteriormente, o futebol é polêmico e discutível, o que mostra toda a magia do esporte bretão mais popular do mundo.

Desta forma, só tenho que desejar a todos vocês uma ótima viagem ao mundo desses grandes e eternos ídolos da história do futebol mundial. Boa leitura e boa discussão!

André Martinez

Estou à disposição para críticas, debates, sugestões ou simplesmente um bate-papo no e-mail: algmartinez@bol.com.br

ÍNDICE

Leão. 9
Edmundo. 24
Ademir Da Guia 36
Evair. 49
Dudu 63
César Maluco 73
Luís Pereira. 81
Julinho Botelho 91
Oberdan Cattani. 103
Marcos 115

Bibliografia 125

LEÃO

Dizem que para um goleiro ser completo, ele não depende apenas de sua agilidade nem de sua frieza embaixo dos três paus, mas também precisa ser polêmico, maluco e líder. O goleiro Emerson Leão, nascido em 11 de julho de 1949, em Ribeirão Preto, interior de São Paulo, além de ter reunido todas essas condições, marcou seu nome no futebol como um dos melhores goleiros do Brasil e do mundo.

O garoto Emerson Leão, filho de uma família de descendentes italianos de classe média, chegou em 1963 ao Vale do Paraíba, na cidade de São José dos Campos, quando contava 14 anos de idade. Veio de Ribeirão Preto para junto de seus irmãos com o intuito de ajudar o pai, Rafael Leão, no armazém de secos e molhados da família, localizado na Rua Coronel Moraes, bem em frente ao campo do Formigão, equipe de várzea de São José dos Campos.

Durante um bom tempo, o menino Emerson correu pelas ruas da cidade realizando entregas do armazém – a nova atividade de seu pai que também conciliava a profissão de alfaiate. Alto e forte para um garoto de 14 anos, Leão tomou gosto pelos esportes, em especial pelo futebol, e a posição de goleiro lhe caiu como uma luva. O garoto começou a defender a meta da equipe do Grêmio Estudantil Castro Alves, no Colégio João Cursino, onde estudava. No Colégio, Leão já era considerado um "boa praça". Com seu estilo galanteador, o goleiro destacava-se no gol do GECA e também entre os professores, chegando a ser presidente de classe, atuando como uma espécie de auxiliar dos professores, apagando o quadro-negro, cuidando da limpeza da sala, da utilização de giz e também da ordem entre os alunos. Talvez tenha sido nessa função que surgiu o tradicional autoritarismo de Leão. Após acompanhar de perto muitos jogos do glorioso Formigão de São José dos Campos e ter um belo destaque à frente do gol do Colégio em que estudava, o goleiro foi convidado a realizar um teste na equipe do Rhodia S.A., encontrando a sorte grande ao ser observado pelo presidente do Esporte Clube São José, Diede Lameiro, que viu em Leão a possibilidade de contratar um grande goleiro com um futuro brilhante. Precocemente, o jogador, aos 15 anos de idade, em 1964, assinou seu primeiro contrato profissional com a equipe do São José, onde sempre gozou de muita confiança pelo presidente do clube, que admirava muito o caráter do menino Émerson Leão.

No clube do Vale, o goleiro permaneceu até 1967, quando o presidente do clube decidiu por dois anos encerrar as atividades da equipe. Dessa forma, Leão foi obrigado a comprar seu passe junto à diretoria para, em seguida, após um teste, vendê-lo ao Comercial de Ribeirão Preto – sua terra Natal –, por dez vezes mais o valor que havia pagado. Mesmo inocentemente, havia feito um grande negócio. Em pouco tempo, o goleiro, com todo o seu talento, deixou de ser o terceiro reserva da equipe para ser o titular absoluto. Fechou a meta em uma partida contra o Palmeiras em 1969, rendendo-lhe no mesmo ano a contratação pelo clube palestrino e iniciando uma trajetória que marcaria época no clube alviverde.

Aos 20 anos de idade, o goleiro chega ao Palmeiras cheio de personalidade e logo de cara queria ganhar o mesmo salário que os experientes ídolos Dudu e Ademir da Guia. Mas mesmo com toda essa audácia, o talento de Leão dentro de campo foi rapidamente notado. Tanto que o goleiro, após pouco mais de seis meses de clube, assumiu a titularidade da equipe após a contusão do goleiro titular – o mineiro Chicão – para nunca mais deixar a meta palestrina. A estreia de Leão no gol do Palmeiras aconteceu no dia 24 de abril de 1969, no estádio do Parque Antártica, contra a equipe do Guarani, em partida válida pelo segundo turno do Campeonato Paulista daquele ano, cujo placar apontou 2x1 para o time do Palmeiras.

O temperamento forte, as confusões com companheiros de equipe, as brigas dentro de campo e as declarações sem papas na língua sempre foram, desde muito cedo, questões evidentes na vida do goleiro. Porém, a qualidade técnica de Leão também era evidente e indiscutível, tanto que, em 1970, após a contusão do ponta-direita do Botafogo, Rogério, e graças aos pedidos dos goleiros Félix e Ado, o técnico da seleção brasileira Zagallo decidiu convocar o atleta para a Copa do Mundo como terceiro goleiro, no lugar do jogador carioca contundido.

Os goleiros da seleção, Félix (titular) e Ado (reserva imediato), mais experientes do que Leão, gostariam que o grupo contasse com um jovem goleiro de futuro a fim de ganhar experiência em uma Copa do Mundo e para pudesse, em breve, assumir o posto de titular no gol brasileiro por muitos anos. O nome cotado era o de Leão, que já havia disputado alguns amistosos e partidas não oficiais com a camisa do Brasil. Sua estreia aconteceu no amistoso realizado no estádio do Maracanã, contra a seleção da Argentina, em 08 de março de 1970, apontando o placar 2x1 para os nossos eternos rivais. A oportunidade em disputar uma Copa do Mundo seria, sem dúvida nenhuma, extremamente especial na vida de qualquer garoto, pois fazer parte de uma equipe histórica recheada de craques como Pelé, Rivelino, Tostão, Gérson, Clodoaldo, entre muitos outros, era a consagração profissional e pessoal para qualquer iniciante no futebol.

Contudo, Leão, com seu temperamento explosivo, preferiu esnobar a sorte grande. Há uma história em torno da chegada de Leão no grupo da seleção brasileira, quando o jogador, ao ser recepcionado pelos mais velhos, supostamente teria dito que não precisava daquilo, que estava lá por méritos próprios e não por piedade de ninguém. Verdade ou mentira, o fato é que Leão, desde cedo, nunca deixou de lado seu temperamento, fosse contra quem fosse, em qualquer situação ou momento. Característica própria do jogador.

Na Copa do Mundo de 1970, Leão apenas figurou no banco de reservas como terceiro goleiro da estupenda seleção tricampeã do mundo no México, consolidando seu nome em meio aos heróis da conquista do maior time que já esteve em campo na história do futebol mundial de todos os tempos.

A profecia dos goleiros do Brasil concretizou-se com relação a Leão. O goleiro se firmou perante a meta do gol canarinho por muito tempo e ao todo realizou 105 partidas à frente da meta brasileira. Em 1974, aos 25 anos de idade, o goleiro foi, pela primeira vez, titular em uma Copa do Mundo, estando presente em todas as sete partidas do Brasil no mundial da Alemanha, incluindo o passeio holandês da Laranja Mecânica de Cruyff e Neeskens sobre o Brasil por 2x0, no estádio Westfalen Stadion, em Dortmund, na segunda fase do mundial.

A estreia de Leão como titular no gol da seleção brasileira em uma Copa do Mundo aconteceu no dia 13 de junho de 1974, no estádio Wald Stadion, em Frankfurt, contra a seleção da Iugoslávia, cujo placar apontou 0x0. O mundial de 1974 foi uma tentativa frustrada de Zagallo em conquistar o tetra na esteira do time tricampeão do mundo em 70. Na Alemanha, somente oito jogadores do tri permaneceram no grupo: Rivelino, Jairzinho, Leão, Zé Maria, Paulo César Lima (Paulo César Caju), Piazza, Edu e Marco Antônio. Apenas dois foram titulares nas duas Copas: Rivelino e Jairzinho. O Brasil terminou a Copa em quarto lugar. Leão se envolveu em uma polêmica ao vazar a informação para jornalistas brasileiros de que o goleiro liderava o grupo de jogadores que cobravam o bicho em caso de conquista do mundial.

Em 1978, o goleiro foi novamente convocado para a Copa do Mundo, atuando nas sete partidas brasileiras no mundial da Argentina, conquistando o terceiro lugar na competição e levantando o título simbólico de campeão moral da Copa – já que o Brasil havia sido eliminado da disputa de forma invicta (o mundial de 1978 na Argentina foi disputado entre 16 seleções, sendo distribuídas em quatro grupos com quatro seleções cada. Ao final da primeira fase, os dois primeiros colocados de cada grupo se classificaram para dois novos quadrangulares, e o campeão de cada grupo decidiria o título. No grupo A estavam presentes: Holanda, Itália, Alemanha Ocidental e Áustria e no grupo B: Brasil, Argentina, Peru e Polônia. No grupo B, Brasil e Argentina chegaram empatados na última rodada com três pontos cada. No último confronto do Brasil na chave, o escrete canarinho venceu a seleção da Polônia por 3x1 e torcia para que a seleção da Argentina não vencesse o Peru por quatro gols de diferença. Porém, a seleção da Argentina aproveitou-se do fato de jogar em casa e malandramente mudou o horário de sua partida contra o Peru para depois do jogo entre Brasil e Polônia, entrando em campo já sabendo do resultado da partida.

Em campo, a Argentina venceu a seleção do Peru por estranhos 6x0, ficando com a vaga na decisão contra a Holanda, quando se consagraria campeã. Mais tarde, surgiram boatos de que a Argentina havia comprado os jogadores peruanos. Brasil e Itália disputaram o terceiro e quarto lugar e o Brasil venceu por 2x1).

Em 1982, Leão ficou de fora da convocação de Telê Santana para a Copa da Espanha, mas foi chamado pelo mesmo Telê Santana para a Copa do México em 1986 – a quarta de sua carreira –, sendo o único brasileiro a participar das duas Copas do Mundo realizadas no México como jogador. Na Copa de 1986, Leão, aos 37 anos, foi o único representante do Palmeiras no grupo, porém, a exemplo de Paulo Vítor que atuava no Fluminense, foi apenas reserva de Carlos – na época, goleiro do Corinthians.

Nos dois mundiais que Leão disputou como titular, em 1974 na Alemanha e 1978 na Holanda, foi eleito um dos três melhores goleiros do mundo. Em 1978, o goleiro permaneceu por 457 minutos sem ser vazado, o que significou mais de cinco partidas sem sofrer gols.

A última partida de Leão com a camisa do Brasil aconteceu no amistoso de preparação para a Copa do Mundo, no México, em 1986, contra a seleção da Iugoslávia, em 30 de abril, no Estádio do Arruda, em Recife, e o Brasil venceu a seleção da Iugoslávia por 4x2, com 3 gols de Zico em uma apresentação impecável e um gol de Careca.

Com a camisa do Palmeiras, Leão viveu as maiores glórias de sua vida como jogador profissional, conquistando seis títulos. Era o nome que dava início à segunda academia do Palmeiras, cuja equipe era facilmente identificada pelos jogadores Leão, Eurico, Luís Pereira, Alfredo e Zeca, Dudu e Ademir da Guia, Edu, Leivinha, César e Nei.

A primeira conquista de Leão com a camisa do Verdão foi o Torneio Roberto Gomes Pedrosa, e a partida decisiva aconteceu no dia 07 de dezembro de 1969, no estádio do Morumbi, após a vitória por 3x1 contra o time do Botafogo. O quadrangular decisivo do torneio era composto por Palmeiras, Cruzeiro, Botafogo e Corinthians. Na última rodada, o Corinthians liderava o torneio com três pontos, e para o Palmeiras ser campeão, precisava, além de vencer o Botafogo em São Paulo, contar com o tropeço do rival Corinthians contra o Cruzeiro no Mineirão.

O Corinthians perdeu por 2x1 e o Palmeiras despachou os cariocas por 3x1, conquistando o título. Leão, que na competição, deixou de atuar apenas na estreia da equipe – em partida realizada no dia 10 de setembro de 1969, no Maracanã, contra o Flamengo, perdendo por 2x1, sendo Chicão o titular da meta do Palmeiras – conquistou o seu primeiro título com a camisa alviverde palestrina.

Na década de 70, o Palmeiras reviveu em grande estilo o período áureo dos anos 60, quando conseguia, em muitas oportunidades, enfrentar de igual para igual o Santos de Pelé. Em 1972 e 1973, o Palmeiras sob o comando do mestre Oswaldo Brandão conquistou o bicampeonato brasileiro com Leão na meta. O Brasileirão de 1972 – o primeiro conquistado pelo Palmeiras – foi decidido no jogo único realizado no estádio do Morumbi, no dia 23 de dezembro contra o Botafogo. O empate em 0x0 garantiu o título ao Palmeiras de Leão. Em 1973, o campeonato foi decidido com outro empate em 0x0, no dia 20 de fevereiro, já em 1974, contra o São Paulo, no Morumbi. Leão era bicampeão brasileiro.

No Campeonato Paulista, a academia do Palestra Itália também prevaleceu em várias oportunidades. Em 1972 – ano em que o goleiro conquistou o prêmio da Bola de Prata oferecido pela revista brasileira Placar –, conquistou o título de forma invicta. Em 1973, permaneceu 1058 minutos sem sofrer gols, ou seja, mais de 11 partidas. Em 1974, o clube, além de ter conquistado o charmoso e tradicional Troféu Ramon de Carranza na Espanha, batendo o time do Español por 2x1 na decisão, após vencer o poderoso Barcelona por 2x0, voltou a ser campeão paulista, desta vez em cima do rival Corinthians, colocando o clube do Parque São Jorge mais um ano na fila, mergulhando o já conturbado rival em uma crise incrível, que rendeu a saída pela porta dos fundos de seu maior jogador: Rivelino.

A final, acontecida no dia 22 de dezembro de 1974, no estádio do Morumbi, terminou 1x0 para o Palmeiras, com um gol do centroavante Ronaldo aos 24 minutos do segundo tempo. A festa da torcida do Palmeiras – cerca de 10 mil pessoas, em meio aos mais de 100 mil corinteanos presentes no estádio – foi incrível. Em 1975, o time de Leão voltou a conquistar o Troféu Ramon de Carranza na Espanha, o terceiro da história do clube (o primeiro título do Torneio vencido pelo Palmeiras aconteceu em 1969, com Chico sendo o titular da meta, o Palmeiras na decisão bateu o time do Real Madrid por 2x0), vencendo o grande Real Madrid na decisão por 3x1.

Em 1976, com Dudu como treinador, o Palmeiras de Leão conquistou novamente mais um título paulista, dessa vez contra o XV de Piracicaba no dia 18 de agosto de 1976, no estádio do Palestra Itália. A equipe conquistou seu 18º título paulista com uma rodada de antecedência, vencendo a equipe do interior por 1x0, gol de Jorge Mendonça aos 39 minutos do primeiro tempo. Posteriormente, na última partida do campeonato, realizada no dia 22 de agosto de 1976, no estádio do Morumbi, contra o Corinthians, o Palmeiras entrou em campo apenas para cumprir tabela e não deixou o rival carimbar sua faixa. Com 2 gols de Jorge Mendonça e 1 gol de Geraldão para o Corinthians, o Verdão confirmou a conquista vencendo por 2x1. Mas infelizmente, após a conquista do Paulistão de 1976, o time do Palestra Itália mergulhou em uma incômoda fila de títulos, que só chegaria ao final 17 anos depois, em 1993.

O goleiro Leão era ídolo da torcida. Embaixo da meta do Palmeiras, transmitia segurança aos companheiros e à torcida. Vaidoso, fora de campo, era o ídolo das mulheres, graças ao seu estilo galã, que entre outras coisas garantiram ao jogador um contrato publicitário de uma marca de cuecas. O goleiro era facilmente visto em vários *outdoors* da cidade usando apenas a vestimenta íntima.

A personalidade de Leão, em muitas oportunidades, colocava-o em xeque. Com o estilo de nunca levar desaforos para casa, o jogador colecionava inúmeras brigas dentro de campo, contra adversários. Como com o são-paulino Serginho Chulapa, em 1981, atuando pelo Grêmio, quando acabou levando um chute na cabeça e um pisão na mão desferidos pelo atacante. Mais tarde, jogando pelo Corinthians, o goleiro descontou a agressão de Serginho aplicando-lhe uma cotovelada. Ou com próprios companheiros, como o soco desferido no lateral Marinho Chagas na Copa do Mundo da Alemanha, em 1974, por indisciplina tática do lateral. Bastava uma falha de algum defensor e logo em seguida o goleiro saía em disparada para tomar satisfações da forma mais violenta possível.

Foi exatamente seu lado brigão que fez o goleiro se despedir do time do Palmeiras em sua primeira passagem. A equipe havia chegado à decisão do Campeonato Brasileiro de 1978, contra o Guarani de Campinas. Na primeira partida realizada no estádio do Morumbi no dia 10 de agosto de 1978, o goleiro estava fazendo uma grande partida com estupendas defesas, vencendo o duelo com o jovem centroavante Careca, revelação do Guarani, porém, estava muito nervoso e se envolveu em uma confusão com o ponta-esquerda bugrino Bozó, aos 20 minutos do segundo tempo, levando cartão amarelo. Não satisfeito, aos 26 minutos, o goleiro agride Careca com uma cotovelada. Sem titubear, o árbitro da decisão, Arnaldo César Coelho, expulsa Leão e marca pênalti. Como o Palmeiras já havia feito as substituições permitidas, precisou lançar mão do centroavante Escurinho no gol. Ao sair do gramado, o goleiro Leão, revoltado com a sua expulsão, tentou tomar satisfações com o juiz, da pior forma possível. Agrediu dois jornalistas e tentou agredir um policial, arrumando uma confusão generalizada na decisão.

Na sequência, o meia do Guarani Zenon, que mais tarde marcaria época no rival Corinthians, converteu o pênalti dando a vitória ao Guarani por 1x0. Na segunda partida decisiva, realizada no dia 13 de agosto de 1978, no estádio Brinco de Ouro da Princesa, em Campinas, o Guarani novamente venceu o Palmeiras por 1x0 conquistando o título com um gol do jovem centroavante Careca, na época com apenas 17 anos de idade, aos 36 minutos do primeiro tempo, em cima do também jovem e inexperiente goleiro Gilmar de 22 anos, substituto de Leão que realizava sua primeira partida no time do Palmeiras. O temperamental Leão foi culpado pela imprensa e principalmente pela torcida pela perda do título, o que culminou na venda do jogador para o Vasco da Gama logo após o Brasileirão de 1978.

No clube carioca, o goleiro permaneceu até 1980, quando foi negociado ao Grêmio, conquistando o título gaúcho de 1980 e o Campeonato Brasileiro pela terceira vez na carreira em 1981. Permaneceu no Rio Grande do Sul até 1983, quando retornou ao futebol paulista para defender o arquirrival Corinthians. No time do parque São Jorge, Leão não era unanimidade. Os três goleiros do Corinthians, Solito, Solitinho e Tadeu, uniram-se contra a contratação do goleiro. O centroavante Casagrande, um dos líderes do grupo e partidário do movimento da Democracia Corintiana, ameaçava deixar o clube.

Contudo, em razão de seu alto nível técnico, a diretoria do Corinthians decidiu trazer Leão ao time para reforçar ainda mais o forte Corinthians da Democracia Corintiana, cujo presidente era Sócrates. Leão chegava ao clube mesmo contra a vontade da maior parte do elenco. A Democracia Corintiana foi um dos maiores problemas de Leão no Corinthians, pois o goleiro, que não era partidário do movimento, batia de frente com os partidários da ideia, principalmente com Sócrates, que via em Leão um ótimo goleiro, mas uma pessoa detestável. Fora de campo, o relacionamento era péssimo. O goleiro, que nunca tinha papas na língua, não se cansava de criticar o movimento, nem conversava com Sócrates. O desentendimento entre ambos era tão forte que eles são desafetos até hoje. Porém, dentro de campo, as coisas fluíam bem. Sócrates fazia tudo lá na frente e Leão defendia tudo lá trás. Com essa química perfeita dentro das quatro linhas, o Corinthians sagrou-se campeão paulista de 1983.

Após essa conquista, ocasião em que Leão foi peça-chave, e após exatas 50 partidas com a camisa do Corinthians, em 1984, o goleiro retornou à sua casa mais querida: o Palmeiras. O retorno ao Palestra Itália não foi muito feliz para o goleiro em termos de conquistas, pois o clube ainda atravessava o incômodo período do jejum de títulos. A segunda passagem de Leão no time do Palmeiras terminou no início de 1986, quando o goleiro se transferiu para o Sport em Recife. O jogador atuou pelo time pernambucano até 1987, quando decidiu pendurar as luvas e se despedir do futebol aos 38 anos.

E foi exatamente em Recife que iniciou sua segunda atividade de sucesso no futebol: a carreira de treinador. No Sport, Leão assumiu o comando técnico da equipe em meio à Copa União. Realizando a transição de jogador para técnico, logo de cara conquistou o título do módulo amarelo da Copa União em 1987, uma espécie de campeonato brasileiro às avessas, onde havia dois grupos: o módulo verde (equivalente à primeira divisão) e o módulo amarelo (equivalente à segunda divisão). A Copa União deu início com a provável falta de verba da CBF para organizar o tradicional Campeonato Brasileiro. Dessa forma, os grandes clubes do Brasil (Flamengo, Corinthians, Vasco, Botafogo, São Paulo, Fluminense, Santos, Palmeiras, Atlético Mineiro, Cruzeiro, Internacional, Grêmio e Bahia) decidiram se juntar formando o "clube dos treze" e, pela primeira vez na história do futebol, trouxeram a campo algo muito usado nos dias de hoje: o marketing. Ao lado de empresas como Coca-Cola, Varig e Rede Globo de Televisão, o clube dos treze decidiu formar uma liga paralela e realizar um campeonato à sua maneira. A CBF, enciumada com a união dos clubes, decidiu se juntar aos clubes da segunda divisão e realizar seu tradicional Campeonato Brasileiro. Mais tarde, houve uma reconciliação entre o clube dos treze e a CBF, que juntos, realizaram a Copa União.

A fim de agradar às equipes dos dois módulos e não criar atritos com ninguém, estava previsto, ao término do campeonato, um quadrangular final entre os campeões e vices de cada módulo para determinar o campeão brasileiro de 1987. Seria como se o campeão e o vice da primeira divisão disputassem o título do Campeonato Brasileiro contra o campeão e o vice da segunda divisão, dentro do mesmo ano e do mesmo campeonato, ou seja, uma equipe poderia ascender e ser campeão da primeira divisão no mesmo ano!

O Flamengo venceu o Internacional por 1x0 na decisão do módulo verde e o Sport venceu o Guarani na decisão do módulo amarelo por 3x0, como perdeu a partida de ida por 2x0, o título foi decidido nos pênaltis. Após estarem empatadas por 11x11, as duas equipes entraram em acordo e dividiram o título do módulo amarelo. Mais tarde e sem saber o motivo, a CBF declarou o Sport campeão. Com tanta bagunça, Flamengo e Internacional negaram-se a disputar o tal quadrangular contra Sport e Guarani. Resultado: a CBF declarou como campeão brasileiro de 1987 o Sport Recife e o Guarani de Campinas como vice, equipes que foram as representantes brasileiras na Taça Libertadores da América de 1988.

Após a sua passagem pelo time do Sport como treinador, Leão passou por várias equipes do futebol brasileiro, entre elas: Esporte Clube São José, Portuguesa, Guarani (tendo trabalhado por apenas dois dias, demitido por divergências pelo presidente Beto Zini, graças a uma suposta interferência do presidente bugrino no seu trabalho na equipe). Em 1989, o técnico retornou ao Palmeiras, não mais na meta palestrina, mas no banco de reservas como um vibrante técnico. No Palmeiras, realizou uma excelente campanha e foi a grande esperança da torcida na quebra do jejum de títulos que, àquela altura, já chegava aos 13 anos.

Em 26 partidas à frente da equipe, venceu 21 vezes. Era o grande favorito à conquista do paulistão de 89, mas uma única e inesperada derrota para o Bragantino de Vanderlei Luxemburgo na reta final do campeonato por 3x0, deixou o Palmeiras fora da decisão e mais um ano na fila. Ainda em 1989, o treinador, visando à montagem da equipe para a próxima temporada, permitiu uma troca histórica com o rival Corinthians. O meia Neto, eterno desafeto de Leão, foi para o Parque São Jorge em troca do meia Ribamar. Com a camisa do Palmeiras, Ribamar jogou muito pouco, ao contrário de Neto, que marginalizado por Leão, virou ídolo no Corinthians e marcou história.

O sucesso de Neto causou um grande mal estar ao treinador com relação à torcida, além de ganhar novos desafetos dentro do Palmeiras. Dessa vez, os escolhidos foram o zagueiro Dario Pereyra e o goleiro Zetti. Após sua saída do Parque Antártica, Leão deu início a uma saga cigana. Dirigiu o Atlético Paranaense, o Shimizu (conquistando a Copa Kanagawa em 1992) e duas vezes o Verdy Kawasaki (conquistando o título da Copa do Imperador em 1996) do Japão, o Juventude, o Atlético Mineiro, conquistando o título da extinta Copa Conmebol em 1997. Na primeira partida da decisão que aconteceu na Argentina contra a equipe do Lanus, após a vitória por 4x1 do time mineiro, praticamente consolidando a conquista, houve uma verdadeira batalha campal com a invasão de vários torcedores ao gramado no final da partida. Leão foi covardemente agredido no rosto, sendo necessária a intervenção de uma cirurgia. Em 1998, o treinador assume o Santos e conquista novamente o título da Copa Conmebol.

No ano seguinte, dirige o Internacional de Porto Alegre e novamente o Sport em 2000, conquistando o título de campeão pernambucano. Em 2001, o treinador recebeu o maior convite de sua carreira, sendo convidado para o cargo de técnico da seleção brasileira em substituição a Vanderlei Luxemburgo. Mas o caminho de Leão no comando da seleção canarinho durou apenas onze jogos, obtendo o treinador quatro vitórias, quatro empates e três derrotas. O mau futebol apresentado pela seleção e o fato de o treinador não ser unanimidade entre os atletas e a CBF, fizeram com que o técnico fosse demitido no avião que retornava ao Brasil, após a pífia campanha da seleção na Copa das Confederações, sendo desclassificada pela França e perdendo também para o time de Zidane o posto de primeiro lugar no ranking da FIFA que pertencia ao Brasil há sete anos.

Após a desastrosa experiência à frente da seleção brasileira, Leão assume novamente o Santos para iniciar um trabalho a longo prazo com garotos e jogadores desacreditados, contando com muito pouco dinheiro do clube santista. No início, o trabalho de Leão no Santos também era desacreditado, mas o técnico conseguiu montar uma das melhores equipes do país nos últimos anos praticamente do nada, revelando craques para o mundo como Robinho, Diego, Alex e recuperando nomes considerados perdidos para o futebol como Elano, Renato e Alberto.

Assim, o time da Baixada Santista conquistou o Campeonato Brasileiro de 2002 em cima do Corinthians. Após a passagem vitoriosa na Vila Belmiro, Leão passou pelo Cruzeiro, pelo São Paulo (sendo campeão paulista em 1995), pelo Vissel

Kobe do Japão, novamente pelo Palmeiras por mais um ano, São Caetano, Corinthians, Atlético Mineiro, Santos, Al-Sadd do Catar, Atlético Mineiro e Sport (novamente) e pelo Goiás.

O treinador, que costuma afirmar que irá encerrar sua carreira em 2010, a exemplo da época em que atuava como jogador, como treinador também se tornou um verdadeiro poço de confusões e inimizades, incluindo jogadores, técnicos, dirigentes e até funcionários de clubes. Com um estilo ditatorial, arrogante, prepotente e centralizador, o técnico coleciona um verdadeiro leque de desafetos. Além de Neto, Dario Pereyra e Zetti, que já foram citados como seus desafetos em sua primeira passagem dirigindo o Palmeiras, o técnico também teve problemas com o goleiro tetracampeão do mundo Taffarel em sua passagem pelo Atlético Mineiro.

No São Paulo, teve problemas com o dirigente Marco Aurélio Cunha, que afirmou em uma entrevista que o técnico tinha "prazo de validade", já que no início de seu trabalho, sua forma dura rendia alguns bons frutos, porém, depois de algum tempo, os jogadores se rebelavam e todo o trabalho ia por água abaixo. Falcão – ídolo do Futsal, que havia tentado carreira no futebol de campo defendendo o São Paulo –, também passou pelo crivo das desavenças de Leão. O jogador credita sua falta de oportunidades na equipe devido a um suposto ciúme do treinador. Segundo o atleta, o técnico se irritava até mesmo com o assédio da imprensa. Luizão e Júnior também se estranharam com o treinador.

No Corinthians, o treinador se desentendeu com Carlos Alberto e principalmente com os argentinos Mascherano e Tevez. O treinador, que decididamente não gosta de trabalhar com jogadores argentinos, nunca escondendo essa opção até mesmo deles, tirou a braçadeira de capitão do jogador Tevez, dizendo que o elenco não entendia nada o que ele falava, passando a braçadeira ao zagueiro Betão. Tevez, o maior ídolo da torcida do Corinthians, a exemplo de Mascherano, logo em seguida deixou o clube. O presidente da CBF,

Ricardo Teixeira, foi acusado de "traíra" pelo técnico após ser demitido do comando técnico da seleção, tornando-se figura não grata na entidade. Quanto aos técnicos, Leão prefere ver a morte em pêlo à sua frente a ver Vanderlei Luxemburgo, pois Leão afirmou, pouco depois de sua saída do Santos, que o técnico havia lhe "puxado o tapete" no clube. Ex-jogadores também fazem parte dessa lista negra, como Serginho Chulapa, que tem repulsa de Leão até hoje, e Sócrates, que sempre é criticado pelo técnico. Simples e humildes funcionários de clubes, como faxineiros, jardineiros, roupeiros, seguranças e porteiros também eram supostamente humilhados pelo treinador.

Correram boatos que funcionários do Palmeiras deram pulos de alegria ao saber que o treinador havia sido demitido em sua última passagem pelo clube, bem como que ele havia sido "derrubado" pelo grupo de jogadores insatisfeitos com o seu método de trabalho. Jornalistas, torcedores, enfim, a lista de inimigos do técnico é bem extensa.

Emerson Leão atuou entre os anos de 1969 e 1986 em 105 partidas com a camisa da seleção brasileira. Com a camisa do Palmeiras, esteve em campo 617 vezes, sendo o segundo jogador que mais vezes vestiu a camisa do clube em toda a história, perdendo apenas para Ademir da Guia com 901 jogos, com 326 vitórias, 188 empates e 103 derrotas, sofrendo 460 gols.

É verdade que Leão possui um gênio explosivo e um modo de trabalhar que, em muitas oportunidades, o coloca em xeque com jogadores e torcida, mas tecnicamente, o hoje treinador foi um dos melhores goleiros da história do Palmeiras, um jogador que defendia a meta palestrina com a sua vida se preciso fosse. Leão honrou a camisa do Palmeiras e está, sem dúvida nenhuma, em meio à célebre galeria dos maiores heróis da história do clube. A imagem que a torcida do Palmeiras carregará eternamente de Leão, é exatamente esta: a do goleiro que em campo ou fora dele sempre amou o Palmeiras.

EDMUNDO

Quando alguém falar de um jogador que conseguiu ser um craque capaz de realizar jogadas magníficas, gols maravilhosos, conquistar os mais importantes títulos e, na mesma proporção, arrumar confusões e polêmicas, o nome de Edmundo, indiscutivelmente, é o primeiro que aparece na memória. O atacante Edmundo Alves de Souza Neto, nascido no dia 02 de abril de 1971, no Rio de Janeiro, conseguiu realizar isso e muito mais: conseguiu também ser amado pela torcida do Palmeiras.

Ainda garoto, Edmundo deu seus primeiros chutes no futebol de salão defendo o time do Fonseca, em Niterói, no Rio de Janeiro. Aos 11 anos de idade, chegou ao Vasco da Gama levado por seu professor de judô para fazer parte da categoria fraldinha do clube, mas antes de ascender aos profissionais da equipe cruz maltina, Edmundo passou pelo Botafogo entre os anos de 1987 e 1989, e acabou sendo dispensado por indisciplina.

Retornou ao Vasco da Gama e ganhou destaque na mídia pela primeira vez no jogo preliminar de juniores contra a equipe do Botafogo no Maracanã, no dia 16 de agosto de 1991. Nesse dia, com a camisa número 16, o jogador driblou quatro jogadores e mais o goleiro adversário, marcando um golaço.

No dia seguinte, um cronista esportivo carioca elegeu o gol de Edmundo o melhor momento do final de semana. O jogador realizou sua primeira partida como profissional, lançado pelo técnico Nelsinho Rosa, no dia 26 de janeiro de 1992, no estádio do Pacaembu, em São Paulo, contra a equipe do Corinthians em partida válida pelo Campeonato Brasileiro daquele ano.

O Vasco da Gama venceu o Corinthians por impiedosos 4x1. Edmundo e o experiente Bebeto acabaram com o jogo, e, no final da partida todos queriam saber quem era o garoto de 20 anos que logo em sua estreia havia jogado um futebol de craque. Pouco menos de seis meses depois, mais exatamente no dia 21 de julho de 1992, o jogador convocado por Carlos Alberto Parreira estreava com a camisa da seleção brasileira, na derrota por 1x0 contra a seleção do Uruguai no estádio Centenário, em Montevidéu. No final de 1992, o jogador conquistava o Campeonato Carioca pelo Vasco da Gama – seu primeiro título como profissional.

O jogador explodiu definitivamente durante o Campeonato Brasileiro de 1992, tanto que acabou por despertar o interesse da multinacional italiana Parmalat – que na época patrocinava o Palmeiras – e foi contratado pelo Vasco da Gama por 2 milhões de dólares. Ao chegar ao Palmeiras, Edmundo se deparou com uma equipe recheada de craques que contava com uma estrela em praticamente todas as posições do time, jogadores como Velloso, Roberto Carlos, Antônio Carlos, Mazinho, César Sampaio, Evair, Zinho e Edílson, sob o comando do estrategista Vanderlei Luxemburgo, além do próprio Edmundo que acabava de chegar, formavam o forte Palmeiras do início da era Parmalat. Um time feito para primeiramente quebrar o incômodo jejum de títulos e depois para brilhar internacionalmente.

O atacante estreou na equipe do Palmeiras no dia 27 de janeiro de 1993, no estádio do Parque Antártica, em São Paulo, na partida válida pelo Campeonato Paulista contra o Marília. O Palmeiras venceu por 2x1 de virada com 2 gols de Evair, após Catatau abrir o placar para o Marília. O primeiro gol de Edmundo com a camisa do Palmeiras aconteceu no clássico disputado contra o Santos no dia 07 de fevereiro de 1993, no estádio do Morumbi. O atacante anotou o segundo gol palmeirense na vitória por 3x1, aos 19 minutos do primeiro tempo. Zinho e Evair completaram o placar para o Palmeiras e Celinho descontou para o Santos.

Com a camisa do Palmeiras, Edmundo jogava futebol de rei. Com atuações impecáveis, o jogador se tornou ídolo da torcida, porém, da mesma forma que fazia sofrer os beques adversários com seus dribles e os goleiros com seus gols, também colecionava um enorme número de confusões, tanto dentro de campo como fora dele – com os adversários ou mesmo com seus próprios companheiros.

Na vitória imposta por 4x0 contra a Portuguesa no dia 28 de fevereiro de 1993, no estádio do Pacaembu, o Palmeiras jogava um futebol arrasador e já despontava com um dos fortes favoritos à conquista do título paulista daquele ano, porém, dentro de campo, apesar de todo o espetáculo, Edmundo, que já havia marcado um gol na partida, não conseguia se entender com Evair. Ambos não se falavam mais, jogavam muito dentro de campo, mas não se falavam fora dele. Com o zagueiro Antônio Carlos mais confusão. O zagueiro chegou a declarar publicamente que, dentro de campo, seria totalmente profissional, mas fora dele jamais voltaria a conversar com Edmundo.

No ano seguinte, em 1994, o jogador se desentendeu também com o treinador Vanderlei Luxemburgo ao reclamar pela sua substituição no clássico realizado contra o São Paulo, no dia 27 de abril, no Estádio do Pacaembu, em partida válida pelas oitavas de final da Taça Libertadores da América, cujo placar terminou empatado em 0x0. Pela reclamação, Edmundo foi punido pelo técnico, deixando o time titular por 17 jogos. Na partida de volta, que aconteceu em 24 de julho no Morumbi, o São Paulo venceu por 2x1, eliminando o Palmeiras.

No mesmo ano, o jogador também se envolveu em uma confusão com o meia colombiano Rincón. As expulsões também eram o ponto forte de Edmundo. O jogador sempre levava cartão vermelho. Os motivos eram muitos: indisciplinas, reclamações com as arbitragens, brigas e jogadas violentas. Na partida realizada no dia 30 de outubro de 1994, no estádio do Morumbi, contra o rival São Paulo, em partida válida pelo Campeonato Brasileiro, cujo placar terminou empatado em

2x2, com dois gols de Edmundo para o Palmeiras, o jogador desentendeu-se com o meia são-paulino Juninho Paulista, e os dois foram expulsos pelo árbitro Cláudio Vinicius Cerdeira. Logo em seguida, o jogador agrediu Juninho com um soco no rosto, iniciando uma briga generalizada, agredindo com um soco o lateral André Luís do São Paulo.

Ao final da batalha campal, seis jogadores foram expulsos: Edmundo, César Sampaio e Antônio Carlos pelo Palmeiras, Juninho, Müller e Gilmar pelo São Paulo. Na primeira partida da final do torneio Rio-São Paulo de 1993, realizada no dia 04 de agosto, no Estádio do Pacaembu, contra o arquirrival Corinthians, Edmundo desequilibrava a partida. Ele já havia marcado 2 gols, aos 21 e aos 29 minutos do primeiro tempo respectivamente, porém agrediu com um chute o joelho do volante Marcelinho Paulista em disputa de bola. O volante corintiano encontrava-se no chão. Edmundo foi expulso pelo árbitro Dionísio Roberto Domingos, e o Palmeiras venceu a partida por 2x0.

Na partida válida pela Taça Libertadores da América, contra o time do El Nacional do Equador, realizada no dia 07 de março de 1995, no estádio Olímpico Atahualpa, em Quito, Edmundo, nervoso com a derrota do Palmeiras por 1x0, empurrou um repórter que queria entrevistá-lo na saída do gramado, e não satisfeito com a sua atitude, quebrou a câmera do entrevistador com um chute. O caso tomou proporções policiais e o jogador acabou ficando alguns dias no hotel em Quito. Impedido pela polícia local de deixar o país, permaneceu enclausurado até a diretoria do Palmeiras conseguir sua liberação junto à polícia equatoriana.

Esses são apenas pequenos exemplos das indisciplinas causadas por Edmundo na época em que defendeu o Palmeiras, atitudes que afastavam o craque da seleção brasileira. O seu futebol de gênio, contrastado com o seu temperamento explosivo, fez o jogador receber de presente do locutor Osmar Santos o apelido pelo qual é identificado até hoje: "Animal" – alcunha que o famoso narrador colocava no melhor jogador das partidas.

Contudo, o apelido de Edmundo acabou tendo um sentido pejorativo devido às expulsões e às confusões que o atleta protagonizava em campo. "Edmundo Animal" era odiado por alguns companheiros e adversários, mas amado pela torcida cada vez mais. O temperamento de Edmundo era algo difícil de ser explicado, tanto que alguns jogadores, como André Luís e Juninho Paulista, que acabaram se envolvendo em confusões com o atleta dentro de campo, posteriormente confessaram que fora das quatro linhas, Edmundo mostrava-se uma pessoa calma e amorosa, e acabou sendo até mesmo perdoado por ambos.

Se Edmundo era a "confusão" em pessoa, na bola o jogador era notabilizado como um dos maiores jogadores em atividade do futebol brasileiro. Com a camisa do Palmeiras conquistou o bicampeonato paulista em 1993 e 1994, o torneio Rio-São Paulo em 1993 e o bicampeonato brasileiro em 1993 e 1994.

Em 1993, recebeu pela primeira vez o prêmio "Bola de Prata" da revista Placar. O atacante sempre se mostrou um algoz do maior rival da equipe do Palmeiras – o Corinthians. Esteve em campo na decisão do Campeonato Paulista de 1993, realizada no dia 12 de junho, no Morumbi, quebrando o jejum de 17 anos sem títulos do Palmeiras com uma vitória arrasadora por 3x0 no tempo normal e 1x0 na prorrogação. Nessa partida, o atacante cometeu um carrinho criminoso no atacante Paulo Sérgio do Corinthians. Até hoje, muitos não entendem o motivo pelo qual Edmundo não foi expulso pelo árbitro José Aparecido de Oliveira.

No Torneio Rio-São Paulo em 1993, conquistado pelo Palmeiras novamente em cima do Corinthians, o jogador, apesar da expulsão, foi o responsável pela vitória verde por 2x0 na primeira partida da decisão, e um empate em 0x0 na segunda partida garantiu o título. Na final do Brasileirão de 1994, o jogador selou a vitória palmeirense por 3x1 na primeira partida da decisão, quando o empate em 1x1 na segunda decisiva garantiu o quarto título brasileiro ao Verdão.

Mesmo após conquistar muitos títulos com a camisa alviverde e tendo o carinho da torcida, as coisas não prosperavam para Edmundo dentro do elenco do Palmeiras devido aos inúmeros problemas de relacionamento colecionados por ele ao longo de sua passagem pelo clube. Dessa forma, o jogador não aceitou a proposta de renovação de contrato da diretoria do Palmeiras e pediu para ser negociado com o Flamengo, mesmo com todo o apelo da torcida que cantava ao jogador: "Fica Edmundo, você vai ser campeão do mundo!". Magoada com a saída do jogador, a torcida do Palmeiras entoava outro canto: "Fora Edmundo, você é o maior traidor do mundo!".

Sem clima no clube, a diretoria da Parmalat – cogestora do futebol do Palmeiras e dona do passe de Edmundo – decide negociar o atleta com o Flamengo no início de 1995, que na oportunidade havia montado, no papel, um time de estrelas com Sávio, Romário e Edmundo, contando aos quatro cantos que possuía o "melhor ataque do mundo", o "ataque dos sonhos". No Flamengo, Edmundo se juntou a seu grande amigo Romário, e na apresentação, ambos chegaram a cantar um Funk em homenagem à presença dos dois *Bad Boys* na equipe. A música dizia: "Lê lê lê lê ô, lê lê lê lê a, com *Bad Boy* no seu time, já pode comemorar..." Porém, dentro de campo, a seleção do Flamengo e o melhor ataque do mundo naufragaram em um verdadeiro poço de vaidades. Um jogador pretendia aparecer mais que o outro, e o time esteve longe de conquistar o mundo. Edmundo foi um dos mais criticados do ataque flamenguista.

O jogador, como sempre um chamariz para brigas, foi nocauteado pelo argentino Zandona na partida realizada contra o time do Velez Sarsfield da Argentina pela Super Copa Libertadores da América, no estádio José Almafitani, em Buenos Aires, no dia 14 de setembro de 1995, ocasião em que, após a troca de tapas, recebeu um direto de esquerda explodindo em cheio no rosto do Animal, caindo desacordado no chão e dando início a uma briga generalizada. O Flamengo venceu por 3x0.

Em sua passagem pelo Flamengo, Edmundo envolveu-se em um acidente de trânsito na Lagoa Rodrigo de Freitas no Rio de Janeiro, na famosa "curva da morte", em dezembro de 1995, colidindo seu automóvel Cherokee com um Fiat Uno, ocasionando a morte de três pessoas e ferimentos graves em outras três. Ele foi considerado culpado pelo acidente. Posteriormente, foi condenado a pagar cerca de R$ 807 mil em indenizações, e quatro anos e meio de prisão, contudo, nunca chegou de fato a ser preso. Dez anos depois, o jogador envolveu-se novamente em problemas no trânsito.

Em dezembro de 2005, o atleta, dirigindo seu automóvel Land Rover, por volta de três horas da manhã, no bairro do Leblon, Rio de Janeiro, foi abordado por policiais que realizavam ronda no local. Diante do pedido dos policiais, o atacante se negou a sair do carro e a mostrar seus documentos, o que culminou em sua detenção por desacato a autoridade. Levado ao 14º DP no Leblon, mais tarde, foi constatado que o jogador estava embriagado. O jogador foi autuado e obrigado a pagar a multa de R$ 957,70 (pois, segundo o Código Brasileiro de Trânsito, o fato de um condutor dirigir embriagado resulta em infração gravíssima, com multa de 180 Ufirs e sete pontos na carteira de habilitação), além de perder sua carteira de habilitação, precisando passar pelos cursos de reciclagem do DETRAN.

Em 1996, o jogador, brigado com a diretoria do Flamengo, sofrendo com as críticas em torno de seu futebol no Rio de Janeiro e os problemas com a justiça, decidiu mudar de vida e retornar ao futebol paulista para defender o rival Corinthians, sendo a principal contratação da equipe para a disputa da Taça Libertadores da América daquele ano. Em sua apresentação no Corinthians, o jogador reuniu no Parque São Jorge cerca de 3 mil torcedores que cantavam: "Não é mole não, o Animal virou Gavião".

No Corinthians, Edmundo até que não foi mal. Em 33 partidas, anotou 23 gols, porém, para não fugir da média, no Parque São Jorge também arrumou suas confusões. Bateu de frente com Marcelinho Carioca – astro da equipe e principal ídolo da torcida – e chegou a ser agredido pelo volante Bernardo no intervalo de uma partida contra o Remo pela Copa do Brasil em 1996. Na metade desse ano, o jogador transferiu-se novamente para o Vasco da Gama sem dar satisfações à diretoria do Corinthians.

O ano de 1997 foi mais do que iluminado para "O Animal". Com a camisa do Vasco da Gama, o jogador viveu uma fase incrível, conseguindo quebrar dois recordes que há muito tempo permaneciam no futebol brasileiro. Atuando novamente ao lado de Evair, um de seus desafetos no Palmeiras, o atacante tornou-se o maior artilheiro de uma edição do Campeonato Brasileiro com 29 gols, quebrando o recorde de Reinaldo que durava desde 1977, com 28 gols (posteriormente, o recorde de Edmundo foi quebrado por Dimba do Goiás, em 2003, com 31 gols, e com Washington do Atlético Paranaense, em 2004, com 34 gols, passando a ser o recordista da artilharia da história do Brasileirão). Edmundo também quebrou o recorde de número de gols de um jogador em uma única partida, ao anotar 6 tentos na vitória vascaína sobre o União São João de Araras. O jogador ainda perdeu um pênalti, quebrando o recorde que pertencia aos jogadores Roberto Dinamite, Ronaldo, Edmar, Nunes e Bira com 5 gols.

No mesmo ano, Edmundo sagrou-se campeão brasileiro em cima de seu ex-clube – o Palmeiras de Felipão. Em 1997, o jogador conquistou o prêmio "Bola de Prata" e "Bola de Ouro" da revista Placar e a "Chuteira de Ouro" de artilheiro do Brasileirão.

Mesmo jogando um futebol de primeira linha, a vida profissional de Edmundo com relação à seleção brasileira foi sempre muito apagada devido às confusões e às indisciplinas cometidas pelo atleta ao longo de sua carreira. No entanto, o técnico Zagallo o convocou para a disputa da Copa da França em 1998. No mundial, Edmundo atuou apenas duas vezes, realizando sua estreia em Copas do Mundo na primeira fase do mundial contra a seleção do Marrocos, no dia 16 de junho de 1998, no estádio de La Beaujoire, em Nantes, cujo placar apontou 3x0 para o Brasil, com gols de Ronaldo, Rivaldo e Bebeto. Edmundo entrou na partida no segundo tempo, substituindo Bebeto.

A outra partida disputada por Edmundo na Copa foi exatamente na final contra a França de Zidane, no dia 12 de julho de 1998, no Stade de France, em Saint-Denis. Novamente, o "Animal" entrou no segundo tempo, substituindo César Sampaio, quase cometendo mais um ato de indisciplina em plena final de Copa do Mundo ao irritar-se com a devolução de uma bola do atacante Rivaldo ao time francês após atendimento de um jogador, que na visão de Edmundo estava fazendo "cera".

Com o placar desfavorável ao Brasil, Edmundo quase agrediu Rivaldo. Posteriormente, o jogador declarou que queria mesmo que o *fair play* (termo utilizado pela FIFA que significa jogo limpo) se explodisse, pois preferia a felicidade do povo brasileiro a um gesto de *fair play* que não traria nenhum título ao Brasil. O atacante ainda declarou existir uma preocupação muito grande em torno dos atletas com relação às suas atitudes dentro de campo, correndo o risco de desagradar seus patrocinadores, cutucando Rivaldo.

A França venceu o Brasil por 3x0, sagrando-se campeã do mundo em sua casa. O polêmico jogador teria criado um suposto clima negativo em meio ao grupo da seleção brasileira na França ao dizer, em entrevista ao jornalista e grande amigo Washington Rodrigues, que havia sido técnico de Edmundo no Flamengo, após o corte de Romário, que havia chegado a sua vez. Essa declaração soou aos ouvidos dos outros jogadores como uma verdadeira imposição do atacante a fim de conseguir uma vaga entre os titulares. Em seguida, o técnico Zagallo declarou que em sua equipe ninguém ganhava posição no grito, cutucando o "Animal". O fato gerou um mal estar entre Edmundo e Zagallo, ficando evidente pelo não aproveitamento do jogador.

Contudo, posteriormente, o jogador confessou que suas declarações foram infelizes. Ainda por cima, foi Edmundo quem presenciou pela primeira vez a convulsão de Ronaldo "Fenômeno" horas antes da partida final contra a França, chamando todo mundo desesperadamente. Como o próprio Edmundo declarou anos depois, ele estava no lugar errado, na hora errada, pois foi o primeiro a presenciar o momento que desestabilizou toda a equipe do Brasil, dando o título de bandeja à França. A escalação de Edmundo chegou a ser anunciada como titular no lugar de Ronaldo até momentos antes da partida.

O jogador acredita que a oportunidade para substituir Ronaldo – o que de fato acabou não acontecendo, pois mesmo longe de suas condições ideais, Ronaldo entrou em campo – seria apenas um motivo para a comissão técnica se ver livre das pressões, já que todos pediam sua presença na seleção, e caso o Brasil viesse a perder, o que acabou acontecendo infelizmente, a opinião pública sempre sedenta em buscar causas e culpados, apontaria o seu não aproveitamento no time titular como um dos motivos pela perda do título.

Com a camisa da seleção brasileira Edmundo disputou 39 jogos, anotando 9 gols.

O estupendo Campeonato Brasileiro de Edmundo em 1997, encheu os olhos dos dirigentes italianos da Fiorentina, que resolveram desembolsar 9 milhões de dólares para sua contratação. Na Itália, atuando ao lado do argentino Batistuta, Edmundo foi muito bem e por pouco não levou a Fiorentina à conquista do *escudeto*, terminando o *"calcio"* em terceiro lugar.

Apenas uma temporada depois, Edmundo estava de volta ao futebol brasileiro, comprado por Eurico Miranda por 15 milhões de dólares – na época, a maior transação da história do futebol brasileiro. Contudo, o retorno de Edmundo ao Brasil não foi fácil, pois não conquistou nenhum título e ainda por cima perdeu o pênalti decisivo na final do primeiro mundial interclubes realizado pela FIFA em 2000, no Brasil, o que custou a perda do título de campeão mundial para o Corinthians.

No mesmo ano, Edmundo se desentendeu com Eurico Miranda. Tudo começou por uma queda de braços com Romário – que àquela altura já havia passado de amigo para mais um desafeto –, quando o jogador se recusou a entrar em campo contra o Palmeiras em partida válida pelo torneio Rio-São Paulo pelo fato da braçadeira de capitão ter sido entregue a Romário.

Segundo Edmundo, Eurico Miranda havia prometido que Romário deixaria o Vasco da Gama. Como a promessa não foi cumprida, Edmundo acabou deixando o Vasco para ser emprestado ao Santos, mas, após a disputa da Copa João Havelange reclamou de salários atrasados, a diretoria santista optou por devolver o atacante ao Vasco da Gama, repassando-o por empréstimo novamente ao Nápoli da Itália.

De volta à Terra da Bota, o atacante não conseguiu reeditar a sua boa passagem nos tempos de Fiorentina. Apresentando um futebol bem abaixo da média, o jogador foi considerado o pior estrangeiro do campeonato, amargando o rebaixamento à série B do Campeonato Italiano. De volta ao Brasil, "O Animal", cansado de ser emprestado várias vezes, decidiu entrar na justiça para conseguir o passe livre, o que acabou acontecendo, rumando para o Cruzeiro.

O jogador permaneceu pouco tempo em Minas. Depois rodou por Verdy Tókio e Urawa Red Diamonds do Japão. Retornou ao Vasco da Gama, e novamente reclamou dos salários atrasados. Pelo Fluminense, reeditando dupla com Romário – seu desafeto –, por Nova Iguaçu e Figueirense, até que em 2006, decidiu retornar ao Palmeiras para alegria da imensa torcida alviverde que esperava ansiosa o retorno de um de seus maiores ídolos.

O retorno de Edmundo ao Palestra Itália trouxe um "Animal" diferente de épocas passadas. Mais experiente e maduro, o jogador, que ainda continuava polêmico, estava longe do Edmundo rebelde e encrenqueiro. Atuando em algumas oportunidades como meia, já que a idade de 35 anos não permitia mais a mesma explosão e velocidade de sua primeira passagem pelo clube, o jogador foi um armador de jogadas, e, em muitas oportunidades, colocava os companheiros em ótimas situações de gol. Mesmo atuando um pouco mais longe do gol, Edmundo, no Brasileirão de 2006, quebrou outro recorde de campeonatos brasileiros, anotando 10 gols. Tornou-se o terceiro maior artilheiro da história do Brasileirão com 136 gols, atrás apenas de Roberto Dinamite com 190 gols e Romário com 152.

Em 2007, o jogador, com problemas de ordem física, permaneceu afastado da equipe do Palmeiras, precisando realizar um trabalho físico personalizado. Retornando à equipe, readquiriu boa forma e terminou o campeonato na vice-artilharia, ao lado do centroavante Finazzi da Ponte Preta, com 12 gols em 10 partidas. Somália do São Caetano foi o artilheiro com 13 gols.

No final de 2007, o alto salário de Edmundo e as constantes visitas ao departamento médico fizeram com que o jogador se despedisse do time do Palmeiras.

A chegada de Vanderlei Luxemburgo ao comando técnico da equipe também ajudou na não renovação de contrato do atleta, fato totalmente desmentido pela diretoria. No entanto, a verdade é que o atacante e o treinador são desafetos declarados. Edmundo acusa Vanderlei de lhe passar cheques sem fundo na quitação de uma dívida de cerca de um milhão de reais, tomando o assunto proporções judiciais.

A última convocação de Edmundo à seleção brasileira aconteceu em 2000, exatamente quando Luxemburgo era o técnico. Na ocasião, houve um boato de que a convocação do "Animal" serviu na realidade para que ambos pudessem conversar a respeito da dívida. Verdade ou mentira, o fato é que, com a chegada de Luxemburgo no comando técnico do Palmeiras, teve início o epílogo do "Animal" no Parque Antártica.

O jogador deixou muitas saudades para uma torcida que o ama. Edmundo, por sua vez, deixou o Palmeiras com muita tristeza, pois sempre afirmou que passou momentos incríveis e inesquecíveis com a camisa alviverde, e saiu com a dor de não ter conquistado mais títulos para o clube que também aprendeu a amar, sempre torcendo para que o Palmeiras conquistasse as maiores glórias possíveis no cenário do futebol. No início de 2008, o jogador transferiu-se novamente para o Vasco da Gama. Despediu-se do futebol brasileiro no dia 7 de dezembro de 2008, dia em que o Vasco da Gama foi derrotado por 2x0 pelo Vitória da Bahia em pleno Estádio São Januário, culminando com o rebaixamento da equipe à segunda divisão do Campeonato Brasileiro.

No ano seguinte, o "Animal" deu início à sua carreira de comentarista de futebol. Primeiramente na Rede TV! e, em seguida, na Band, participando da cobertura da Copa do Mundo da África do Sul em 2010.

Edmundo foi um jogador que despertou amor e ódio: ódio por parte de seus adversários e amor por parte da torcida palmeirense, que aprendeu a amá-lo, sem se importar com as brigas, as confusões e o temperamento quente do jogador. Para a torcida alviverde, o que importava mesmo era Edmundo fazer jogadas maravilhosas, marcar gols de placa e honrar o manto sagrado do Palestra. E isso, Edmundo sempre realizou com maestria.

O "Animal" atuou em 223 partidas com a camisa do Palmeiras, anotando 99 gols. É o 18° maior goleador da história do Verdão.

ADEMIR DA GUIA

Existem coisas que passam de pai para filho, ensinamentos que parecem estar geneticamente presentes no DNA. Contudo, em se tratando de futebol, poucos jogadores na história mundial de todos os tempos conseguiram demonstrar essa máxima tão bem quanto Domingos da Guia e Ademir da Guia. O pai Domingos, que em sua época áurea do futebol foi chamado de "Divino Mestre", gerou o também "Divino" Ademir, que conseguiu transportar toda a categoria empenhada por seu pai na zaga para o meio campo, entre outras coisas, tornou-se o maior jogador a vestir a camisa do Palmeiras.

O franzino e tímido menino Ademir da Guia, nascido no dia 03 de abril de 1942, no bairro carioca de Bangu, filho caçula de Domingos da Guia e Erothildes da Guia, aos olhos de outros, seria o único membro da família da Guia – onde brilharam nomes como o do próprio pai Domingos da Guia e dos tios Ladislau (o maior artilheiro da história do Bangu com 215 gols), Luís Antônio e Mamédio, além do irmão Neném, que também atuou pelo Bangu – que não seria jogador de futebol, pois o menino, desde os 7 anos de idade, já se dedicava completamente à natação, conquistando troféus pelo próprio Bangu.

Contudo, ao mesmo tempo em que o garoto costumava dar suas braçadas nas piscinas, também pegava gosto pelo futebol, iniciando seus primeiros contatos com a bola no campinho de terra batida, jogando por um time chamado Céres, quando ainda não carregava o peso do seu sobrenome, já que os demais garotos não eram da época em que seu pai, o "Divino Mestre", havia mostrado toda a sua maestria em campo.

Mesmo atuando descompromissadamente na várzea, o pequeno Ademir, fã de Dequinha e Rubens – dois apoiadores do Flamengo –, desde muito cedo já chamava a atenção por seu toque bonito e refinado na bola, tanto que era sempre o primeiro jogador a ser escolhido na hora da formação das equipes. Em 1956, aos 14 anos, Ademir da Guia realizou seu primeiro contato com uma equipe profissional, porém, a oportunidade aconteceu por intermédio do convite de um amigo chamado Durval para a realização de um teste nos infantis do Bangu. O filho do "Divino Mestre", novamente descompromissadamente, resolveu aceitar o convite.

Contudo, demorou algum tempo para que pudesse conseguir um par de chuteiras adequadas para o teste. A sorte de Ademir foi o fato do treinador das categorias de base do Bangu, Moacir Bueno, ser amigo de seu pai – foram companheiros de time nos tempos de Flamengo. Durante o teste, Ademir da Guia mostrou seu talento natural e foi prontamente reconhecido por Moacir Bueno, que lançava para o futebol mais um mestre da família da Guia.

Nos dois anos seguintes à sua chegada ao Bangu, Ademir da Guia disputou o Campeonato Carioca infantil, conquistando o terceiro e segundo lugar respectivamente. Em 1958, o jogador teve uma breve passagem pelos juvenis do Botafogo. Retornando ao Bangu em 1959, foi dirigido por Elba de Pádua Lima, o popular Tim, que enxergava em Ademir da Guia um belo talento a ser lapidado. No mesmo ano de 1959, o Bangu conseguiu a proeza de conquistar o título carioca da categoria, onde sempre dominavam Flamengo, Vasco da Gama, Botafogo e Fluminense.

Tal proeza foi premiada pelo treinador Zizinho, o mestre Ziza, que havia assumido a equipe principal do Bangu, promovendo quatro jogadores da equipe para o elenco profissional que disputaria e venceria o torneio de Nova York, batendo até mesmo o tradicional Sampdoria da Itália por 4x0.

Entre os promovidos estavam Zé Maria, Helinho e os amigos Durval e Ademir da Guia. O pai de Ademir da Guia, Domingos da Guia, também enxergava no garoto um enorme potencial, tanto que tentou negociá-lo ao Santos, onde despontava o Rei Pelé. Mas, por questões salariais, o atleta continuou no Bangu, e, no ano seguinte, disputou novamente o torneio americano, participando antes de amistosos na Europa contra equipes de Portugal e da Espanha, despertando o interesse do tradicional Barcelona pelo seu futebol, e ofereceu 16 mil dólares pelo seu passe. No entanto, a diretoria do Bangu nem respondeu à oferta do Barcelona. O "Divino" nunca mais deixou o time titular.

Em 1961, aos 19 anos, o jovem Ademir da Guia encantou o técnico da equipe do Guarani de Campinas, Armando Renganeschi, jogando um futebol de craque, o que prontamente fez o treinador solicitar a contratação do jovem talento aos diretores do Guarani. Infelizmente o time de Campinas não possuía dinheiro suficiente para a aquisição do passe do atleta.

No ano seguinte, Armando Renganeschi transferiu-se para o Palmeiras e, ainda com a magnífica atuação de Ademir da Guia contra sua ex-equipe bem viva em sua mente, solicitou ao diretor palestrino Delfino Facchina que trouxesse para o Palmeiras o futebol divino de Ademir. Então, com 4 mil cruzeiros, o cartola foi ao Bangu trazer o jogador para o Palmeiras. Homens ligados à diretoria do clube carioca chegaram a dizer que haviam "vendido um bonde". Mal sabiam eles que esse bonde tornou-se o maior jogador da história do Palmeiras de todos os tempos.

A chegada de Ademir da Guia no Palmeiras estava muito longe do que a grandeza do seu futebol faria pelo clube. Em São Paulo, longe de sua família, que vivia tranquilamente nas ruas do calmo bairro carioca de Bangu, o pacato Ademir era tão somente conhecido pelo seu primeiro nome. O sobrenome de peso não fazia a menor diferença. Atuar na cidade grande era um enorme desafio para ele, que demorou algum tempo para se adaptar à metrópole paulistana.

O jogador, que havia chegado ao Palmeiras com um salário não muito bom, logo após a perda da Taça Libertadores da América para o Peñarol, no empate em 1x1 em partida realizada no dia 11 de junho de 1961, no Pacaembu, quando a competição não tinha nada da importância que possui hoje, era apenas mais um em meio aos mais de quarenta jogadores que faziam parte do elenco do Palmeiras. Na época, realizar um simples treinamento já era tarefa concorrida e complicada. O jogador precisou atuar em várias posições diferentes, como volante, meia e centroavante, além de concomitantemente disputar partidas pelo time principal e de aspirantes.

Em 1963, conquistou o título paulista de aspirantes e o Campeonato Paulista profissional. O time do Palmeiras contava com jogadores vencedores e experientes como Djalma Santos, Zequinha e Vavá, que conquistaram o bicampeonato mundial com a seleção brasileira na Copa do Mundo no Chile em 1962.

A estreia de Ademir da Guia com a camisa do Palmeiras aconteceu no dia 22 de fevereiro de 1962, no estádio do Pacaembu, contra o rival Corinthians em partida válida pelo torneio Rio-São Paulo. O jogador entrou na partida substituindo o centroavante Hélio. O Palmeiras venceu por 3x0.

Como titular, Ademir da Guia entrou em campo pela primeira vez com a camisa do Palmeiras quase dois meses após sua chegada ao clube, no dia 08 de abril de 1962, em amistoso realizado contra o Paulista de Santa Bárbara D'Oeste, no Estádio Antônio Lins Ribeiro Guimarães, na cidade de Santa Bárbara D'Oeste, interior de São Paulo, e o Palmeiras venceu por 4x3.

O primeiro gol de Ademir da Guia com a camisa do Palmeiras aconteceu na partida seguinte, contra a equipe da Internacional de Limeira, no dia 15 de abril de 1962, no Estádio Comendador Agostinho Parada, em Limeira. O Palmeiras perdeu por 4x2. Ademir da Guia anotou o primeiro gol palmeirense na partida.

O jogador passou a ter oportunidades reais na equipe titular do Palmeiras após a saída do grande meia-esquerda gaúcho, Chinezinho, que havia deixado o clube em 1962, transferindo-se para o Modena da Itália (com o dinheiro da venda de Chinezinho, a diretoria do Palmeiras reformou o estádio do Parque Antártica, construindo o famoso jardim suspenso), para transformar-se no grande líder da "Academia do Palmeiras" e o maior jogador da história do clube de todos os tempos.

Os anos 60 foram, sem dúvida nenhuma, um período áureo para a Sociedade Esportiva Palmeiras e seus torcedores, conseguindo formar dois esquadrões divididos nas duas metades da década, intitulados de "Academia do Palmeiras", que, ao lado do Botafogo, eram as únicas pedras no sapato do forte e imbatível Santos do Rei Pelé.

Em São Paulo, era o único time capaz de enfrentar de igual para igual o clube da Vila Belmiro. Ademir da Guia era o grande maestro de sua equipe, e sua principal função era municiar os homens de frente. Com os passes perfeitos do negro aço Ademir da Guia, o Palmeiras cansou de conquistar títulos. A torcida palmeirense sabia de cabeça a formação da primeira academia do Palmeiras: Valdir, Djalma Santos, Djalma Dias, Minuca e Ferrari; Zequinha e Ademir da Guia, Gallardo, Servílio, Ademar Pantera e Rinaldo.

A saga de conquistas de Ademir da Guia com a camisa do Palmeiras começou em 1963, com a conquista do título paulista, impedindo o Santos de Pelé de conquistar o campeonato pela quarta vez consecutiva. Mesmo com a predominância santista no torneio dos últimos anos, o título paulista de 1963 foi disputado entre Palmeiras e São Paulo, que terminaram o primeiro turno da competição empatados.

Contudo, o segundo e decisivo turno foi decidido na penúltima rodada, com a vitória do Palmeiras sobre o Noroeste de Bauru por 3x0, com 2 gols de Servílio e um de Julinho, conquistando o primeiro título profissional na era Ademir da Guia, no dia 11 de dezembro de 1963, no Estádio do Pacaembu.

O clássico realizado na última rodada contra o São Paulo, no dia 17 de dezembro, no estádio do Pacaembu, quando o Verdão venceu por 1x0, com um gol de Vavá aos 13 minutos do segundo tempo, foi apenas para comemorar o título.

No ano seguinte, Ademir da Guia ganhou um parceiro perfeito para o meio-campo palmeirense, pois acabava de chegar diretamente da Ferroviária de Araraquara o volante Dudu, que, originalmente, era um meia ofensivo, porém, como o próprio Dudu costumava dizer, foi mais inteligente recuar do que disputar a posição na meia com o "Divino".

A sintonia entre ambos era tão perfeita que, em muitas oportunidades, o nome dos dois era pronunciado como se fosse um só. Juntos com a camisa do Palmeiras, Dudu e Ademir da Guia atuaram em 519 partidas, vencendo 294 jogos, empatando 137 e perdendo 88 vezes. Enquanto Ademir da Guia municiava o ataque com seus toques majestosos e cerebrais, Dudu segurava as pontas na marcação do meio-campo e também ajudava a defesa.

No entanto, quando um ou outro não estava bem na partida, o que era raro, os parceiros trocavam de posição para continuar ditando o ritmo perfeito do meio-campo palmeirense. E assim, a dupla permaneceu lado a lado no meio-campo palmeirense por 15 anos. A chegada de Dudu no Palmeiras, que com certeza foi também um dos maiores jogadores da história do clube, marcou época como o início da "Segunda Academia do Palmeiras", contando também com a chegada de jogadores como Leão, Eurico, Luís Pereira e César.

A década de 60 ainda reservaria muitos títulos para Ademir da Guia no Palmeiras. Em 1965, conquistou o Torneio Rio-São Paulo. No ano seguinte, conquistou novamente o título paulista e mais uma vez impediu o forte Santos de Pelé de conquistar o triunfo pela terceira vez. Não fosse o Palmeiras, com seu Pelé branco, conquistar os Paulistões de 63 e 65, o time da Vila Belmiro seria dez vezes campeão paulista somente na década de 60. Em 1967, chegam os títulos da Taça Brasil e do Torneio Roberto Gomes Pedrosa.

O Torneio Roberto Gomes Pedrosa, apelidado de "Robertão" foi um torneio que precedeu o tradicional Campeonato Brasileiro. Criado em 1967, homenageou o goleiro da seleção brasileira da Copa de 1934, Pedrosa, falecido em 1954 como presidente da federação paulista de futebol. No início era composto pelas equipes de São Paulo e Rio de Janeiro, como um autêntico Torneio Rio-São Paulo. Em 1968, passou a ser enxertado por equipes de outros estados, até substituir definitivamente a Taça Brasil em 1969, sendo a única competição nacional, reunindo os maiores clubes do Brasil, indicando inclusive equipes à disputa da Taça Libertadores da América. Sua última edição aconteceu em 1970, e foi substituído pelo até hoje disputado Campeonato Brasileiro.

O Palmeiras, campeão em 1967 e 1969, foi o maior vencedor do torneio. Santos, em 1968 e Fluminense, em 1970 foram os demais campeões do popular "Robertão".

Com um futebol de gênio cantado em verso e prosa, Ademir ganhou de presente um poema do premiado poeta e diplomata pernambucano João Cabral Neto, que expressou em seus estrofes a verdadeira magia do futebol do jogador:

> Ademir impõe seu jogo;
> o ritmo do chumbo (e o peso);
> da lesma, da câmara lenta;
> do homem dentro do pesadelo.
> Ritmo líquido se infiltrando;
> no adversário, grosso, de dentro;
> impondo-lhe o que ele deseja;
> mandando nele, apodrecendo-o.
> Ritmo morno, de andar na areia;
> de água doente de alagados;
> entorpecendo e então atando;
> o mais inquieto adversário.

Certa vez, em Cádiz, na Espanha, chegaram a escrever que Ademir da Guia era uma espécie de um violinista que mostrava um sorriso de uma suavidade desconhecida no futebol de hoje. O jogador foi comparado pela sua sutileza e categoria aos maiores mestres da história da música mundial.

Mas, mesmo com toda a maestria reconhecida, o jeito tímido e retraído do jogador o afastava da seleção brasileira. Alguns, inconsequentemente, chegavam a afirmar que Ademir da Guia era lento, confundindo lentidão com as passadas largas e os toques objetivamente pensados na bola. Com a camisa da seleção brasileira o jogador disputou apenas doze partidas, estreando-a no dia 02 de junho de 1965, no estádio do Maracanã, contra a seleção da Bélgica, e o Brasil aplicou uma sonora goleada por 5x0.

No mesmo ano, o jogador esteve presente com a camisa da seleção brasileira no amistoso realizado contra o Uruguai, no Estádio do Mineirão, em Minas Gerais, sob o comando do argentino Filpo Nunes (foi a única vez em toda a história que o comando técnico da seleção brasileira foi entregue a um estrangeiro), e a seleção brasileira, em sua totalidade, foi composta pelo time do Palmeiras. O Brasil, representado pelo Verdão, venceu o Uruguai por 3x0, no chamado jogo da vingança, em alusão à Copa do Mundo perdida para o Uruguai em 1950, no Maracanã.

A única Copa do Mundo disputada por Ademir da Guia foi em 1974, na Alemanha Ocidental, sob o comando de Zagallo, porém, o jogador só atuou como titular em um mundial nos primeiros 45 minutos da decisão do terceiro e quarto lugar da Copa da Alemanha, disputada no dia 06 de julho de 1974, no estádio Olímpico, em Munique, substituído por Mirandinha. Nessa partida, o Brasil foi derrotado por 1x0 para a Polônia do atacante Lato, artilheiro da Copa com 7 gols. É verdade que a concorrência enfrentada por Ademir da Guia na posição em que despontavam outros craques como Rivelino e Gérson, por exemplo, foi muito grande, mas as oportunidades cedidas a Ademir da Guia com a camisa do Brasil foram muito poucas diante de seu grandioso futebol, tão espetacular quanto o dos maiores jogadores que vestiram a amarelinha durante aquela e em todas as gerações. Com a camisa da seleção brasileira, Ademir da Guia jogou 12 partidas e não marcou nenhum gol.

Nos anos 70, o "Divino" continuou sua sequência de glórias com a camisa do Palmeiras, atuando na segunda academia com Leão, Eurico, Luís Pereira, Alfredo e Zeca, Dudu e Ademir da Guia, Edu, Leivinha, César e Nei. Os anos 70 foram também uma década recheada de títulos, quando o clube conquistou o Campeonato Paulista em 1972 de forma invicta e, no mesmo ano, o Campeonato Brasileiro. No ano seguinte, repetiu a dose, conquistando o bicampeonato do Brasileirão.

Em 1974, o Palmeiras voltou a conquistar o Paulistão. E, como o próprio Ademir da Guia costumava salientar, foi de todos os títulos, o preferido de sua carreira, e por uma razão bem simples: do outro lado da decisão estava o arquirrival Corinthians, há 20 anos na fila. Os momentos que antecederam à decisão foram iguais a qualquer outra partida. Ademir da Guia entrou no ônibus, sentou-se no mesmo banco de sempre – o segundo do lado direito –, chegou ao estádio, desceu do ônibus e se dirigiu até o vestiário.

Contudo, quando colocou o uniforme e iniciou o aquecimento, a exemplo de todos os outros jogadores do Palmeiras, começou a sentir os nervos à flor da pele, pois era muito mais que apenas uma decisão de Campeonato Paulista, era também uma verdadeira guerra, em que o adversário seria o mais forte que o Palmeiras enfrentaria no ano, chegando "mordido" com o peso nas costas de 20 anos sem conquistas, com uma imensa nação presente no Morumbi esperando o seu triunfo. E foi exatamente com esse pensamento que o Palmeiras de Ademir da Guia entrou em campo, mas do outro lado, o sedento Corinthians também havia se preparado para uma guerra. A exemplo do Palmeiras, o time do Corinthians também se encontrava nervoso.

Afinal de contas eram 20 anos de sofrimento. Mas do lado palestrino ninguém queria admitir a festa do rival, ninguém queria ser vice, ninguém errava. A marcação era forte. Tião colava em Ademir. Quando não conseguia pegar, aparecia Rivelino. Em certa altura da partida, Rivelino cobrou uma de suas famosas faltas: o violento chute explodiu em cheio no rosto de Dudu, nocauteando o companheiro de Ademir da Guia no meio-campo palmeirense.

Se fosse uma partida corriqueira, provavelmente Dudu não retornaria ao gramado, devido à força imposta pelo chute de Rivelino, porém, com o mais puro espírito de luta, Dudu pediu para voltar ao jogo na beira do gramado, atitude que encheu de brios os bravos jogadores do Palmeiras, que encontraram forças para vencer a partida com o gol de Ronaldo, aos 24 minutos do segundo tempo, em cima do goleiro argentino do Corinthians, Buttice. O gol de Ronaldo garantiu o título paulista de 1974 ao Palmeiras, deixando o rival por mais um ano na fila, que àquela altura já atingia duas décadas.

Os cerca de 20 mil torcedores do Palmeiras, espremidos entre os mais de 100 mil corintianos presentes no Morumbi, no domingo de 22 de dezembro de 1974, comemoraram, em meio ao velório alvinegro, e Rivelino, o "Reizinho do Parque", culpado pela derrota, foi expulso do Corinthians.

Em 1976, o Palmeiras não era mais a "Academia" de outrora. O time era formado por alguns jovens jogadores como Pires, Valdir e Ricardo. Até o comando técnico da equipe tinha sido renovado, com o ex-companheiro de meio-campo de Ademir da Guia, Dudu, que havia parado de jogar em janeiro, assumindo o comando técnico da equipe. No entanto, mesmo com jovens revelações na equipe, uma coisa ainda era antiga: Ademir da Guia continuava a ser o grande maestro da equipe.

O time voltou a conquistar o Campeonato Paulista em 1976, na partida realizada contra o XV de Piracicaba, no dia 18 de agosto de 1976, no estádio do Parque Antártica, com um gol de Jorge Mendonça aos 39 minutos do primeiro tempo. Mal sabia Ademir da Guia e toda a torcida do Palmeiras que, após essa glória, o time passaria por um jejum de quase 17 anos sem conquistas.

Os anos infelizmente se passaram e Ademir da Guia, com 35 anos, em 1977, já não era mais o garoto de antes, passando a sofrer de falta de ar. Em 1975, o jogador teve sua primeira crise de falta de ar, quando, mais tarde, o problema foi se agravando. Em 1976, o jogador adquiriu o seu próprio passe, colecionando propostas de equipes como Corinthians, Monterrey do México e Guarani. Todavia, o "Divino" fazia questão de atuar pelo menos mais quatro anos com a camisa do Palmeiras, mesmo padecendo com os problemas respiratórios que teimavam em continuar atormentando o ídolo palmeirense, que chegou a passar por uma cirurgia no aparelho respiratório sem obter sucesso.

Sem condições, muitas vezes, de concluir as partidas – o fôlego de Ademir da Guia não acompanhava o toque refinado do craque –, o jogador realizou sua última partida com a camisa do Palmeiras na derrota por 2x0 contra o rival Corinthians, em partida válida pelo Campeonato Paulista, na tarde de domingo do dia 18 de setembro de 1977, no estádio do Morumbi, sendo substituído pelo atacante Picolé.

Assim, após 15 anos de maestria, o "Divino" Ademir da Guia encerrava sua carreira no futebol, mas sua despedida dos gramados aconteceu apenas seis anos depois de sua última partida oficial.

Em festa organizada pelos amigos Luís Pereira e César, o craque entrou em campo para sua despedida no dia 22 de janeiro de 1984, no estádio do Canindé, contra a seleção paulista, que contava com nomes como Rivelino, Serginho e Zé Sérgio. Do lado palmeirense, o jogo marcava também o retorno de Leão à meta da equipe. A seleção paulista, com gols de Serginho Chulapa e Jorginho, venceu o Palmeiras por 2x1, e Jorge Mendonça descontou para o Palmeiras. Ademir da Guia esteve em campo apenas por 36 minutos, sendo substituído pelo meia-direita Carlos Alberto Borges.

Em 1986, dois anos após sua despedida oficial do time do Palmeiras, o jogador ganhou um busto nos jardins do Parque Antártica, honraria cedida somente ao zagueiro Junqueira, em 1943 e ao médio Waldemar Fiúme, "O Pai da Bola", em 1956, já que o estatuto do Palmeiras permite que sejam homenageados com bustos apenas jogadores que nunca jogaram contra a equipe.

Fora dos gramados, Ademir da Guia, que foi casado duas vezes e tem três filhos: Mirna e Namir da Guia, fruto de sua união com Ximena Amaral, e Ademir da Guia Júnior, fruto da sua segunda união, com Sueli da Guia.

Após a aposentadoria dos gramados, o jogador realizou várias atividades distintas. Tornou-se assistente de juiz classista, representando o sindicato dos atletas profissionais. Mais tarde, impulsionado pelo palmeirense Aldo Rebelo, elegeu-se vereador em São Paulo pelo PC do B, transferindo-se posteriormente para o PL: o atual PR.

Em 2001, o ídolo máximo da história alviverde ganhou um livro com sua biografia intitulado: "Divino – A Vida e a Arte de Ademir da Guia", de Kleber Mazziero de Souza. Em 2006, foi tema do documentário "Um Craque Chamado Divino", do cineasta Penna Filho.

O jogador sempre foi inspiração para várias frases de efeito e declarações apaixonadas em torno da maestria de seu futebol. O jornalista Armando Nogueira, certa vez, disse que Ademir da Guia tinha nome e sobrenome de craque. Ademir, nome de craque em alusão a Ademir de Menezes – grande artilheiro e ídolo vascaíno nos anos 50 – e da Guia, em alusão a seu pai, Domingos da Guia, "O Divino Mestre".

Leivinha, ex-companheiro de Ademir da Guia no Palmeiras, declarou: "A gente brincava de 'bobinho' nos treinos e tentava fazer o Ademir ir para o meio. Todo mundo tocava para ele com efeito, mas não tinha jeito. Do jeito que a bola viesse ele dominava. Eu não me lembro de uma única vez em que Ademir tenha ido para o meio da roda".

O velho Lobo Zagallo também teceu seu comentário a respeito do "Divino": "Ele está jogando demais. É para o Palmeiras o que o Pelé é para o Santos. Quem ganhou do Fluminense não foi o Palmeiras, foi o Ademir da Guia". Mesmo assim, Zagallo preteriu Ademir da Guia na lista do tricampeonato em 70. O "Feiticeiro" Fleitas Solich relatou a um dirigente do Palmeiras sobre a chegada de Ademir da Guia no clube. Na época, ele era técnico do Flamengo: "O preço que vocês pagaram não é o que vale só uma das pernas dele!".

Com a camisa do Palmeiras, Ademir da Guia conquistou os seguintes títulos: Campeonato Paulista de 1963, 66, 72, 74 e 76; Campeonato Brasileiro de 1972 e 73; Torneio Roberto Gomes Pedrosa de 1967 e 69; Taça Brasil de 1967; Torneio Laudo Natel e Torneio Mar del Plata de 1972; Troféu Ramon de Carranza de 1969, 74 e 75; Torneio Rio-São Paulo de 1965 e Torneio IV Centenário da Cidade do Rio de Janeiro de 1965.

O jogador atuou no Palmeiras em 901 jogos, com 509 vitórias, 234 empates e 158 derrotas, sendo o jogador que mais vezes esteve em campo com a camisa do clube. Anotou 153 gols, e foi o terceiro maior goleador da história do clube, atrás apenas de Heitor com 284 gols e César com 180 gols.

Ademir da Guia foi um injustiçado do futebol, pois como imaginar que um jogador com toda a sua maestria tenha disputado apenas 45 minutos de uma partida de Copa do Mundo, quando poderia tranquilamente estar em campo em pelo menos três mundiais? Ademir da Guia foi gênio de uma época que se arrasta até hoje. Com seu toque sutil na bola e suas passadas largas em direção ao gol, o jogador fazia de uma simples partida de futebol, um verdadeiro concerto, regendo a orquestra palestrina, fazendo da bola a sua batuta mágica, encantando multidões admiradas com o futebol magnífico do "Pelé Branco" do Parque Antártica.

Ademir da Guia sempre será respeitado e amado pela torcida do Palmeiras por todo o amor e dedicação que demonstrou ao clube e fez dele, sem dúvida nenhuma, o maior jogador de toda sua gloriosa história alviverde.

EVAIR

Em muitas oportunidades, ouvimos dizer que a vida imita a arte ou vice-versa. No caso desse centroavante, sua atuação com a camisa do Palmeiras foi digna de um verdadeiro *Western* norte-americano, em que homens fortes não perdoam, matam. Com o mineiro Evair Aparecido Paulino, nascido em Ouro Fino,

Minas Gerais, em 21 de fevereiro de 1965, foi mais ou menos assim, e por isso o ídolo palmeirense ficou carinhosamente conhecido pela torcida como "El Matador".

Desde muito cedo, Evair já costumava dar seus primeiros chutes nos campinhos de terra batida do bairro de Crisólia, local onde passou toda a sua infância, torcendo pelo Santos sem jamais imaginar que um dia iria se tornar um dos maiores ídolos do Palmeiras. O jogador, como muitos outros ídolos que venceram no futebol, também teve uma infância difícil.

Contudo, o filho do pedreiro José Paulino e de Tereza Maria da Silva Paulino, e os irmãos Odair e Heloísa, que completavam a família, mesmo sem ter dinheiro para comprar o uniforme do seu time de coração na época – o Santos –, sempre se orgulhou de sua infância, sendo muito grato pela liberdade que seus pais lhe deram para ser totalmente criança.

O futebol mudou a vida de Evair, mas ao contrário do que muita gente possa imaginar, o caminho que o artilheiro precisou percorrer, desde o início até o estrelato, foi muito longo e tortuoso.

Em 1979, aos 14 anos, chegou a realizar um teste nas categorias de base do São Paulo, mas não foi aprovado e retornou à sua cidade natal. A sorte de Evair no futebol começou com a amizade de seu pai com Rui Palomo, cunhado de Clóvis Cabrino, um dos diretores do Guarani, que ajudou Evair a ingressar no clube para atuar como meia-esquerda. Várias vezes, Evair saía de Crisólia às quatro e meia da manhã, acompanhado pela mãe em meio à escuridão da madrugada e pegava um ônibus em Ouro Fino. Chegava em Campinas quase às nove da manhã para realizar o treino no Guarani. Apesar da dureza imposta pelo trajeto e por todas as dificuldades naturais, Evair corria atrás de seu sonho, semelhante a muitos outros meninos de sua idade.

Com o tempo, devido à distância, Evair foi morar no alojamento do Guarani, e conheceu outros garotos que como ele, também sonhavam em vencer no futebol, iniciando belas amizades, como com os meninos João Paulo e Tosin. Juntos, conseguiram superar a falta da família no alojamento. A vida no alojamento não era fácil, pois localizava-se embaixo das arquibancadas do Brinco de Ouro da Princesa, local que fazia muito frio. Mas as dificuldades começaram a aumentar quando o Guarani decidiu cortar o lanche noturno dos garotos. Com uma ajuda de custo extremamente reduzida, menor que um salário mínimo, muitas vezes nem era possível fazer um lanche à noite. Em muitas ocasiões, Evair e seus companheiros de base passaram por noites muito difíceis com fome e frio.

Em 1984, aos 19 anos, Evair foi promovido à equipe principal do Guarani pelo técnico Lori Sandri, onde deixou de atuar pela meia-esquerda para ser centroavante. A sua estreia aconteceu contra a Internacional de Limeira, em partida válida pela Copa Rayovac – um torneio amistoso que reunia as equipes eliminadas do Campeonato Brasileiro e cujas partidas eram disputadas com a bola de cor amarela, da mesma cor tradicional das pilhas que patrocinava a competição.

Aos poucos, Evair foi chamando a atenção e conquistando seu espaço no time do Guarani. Mostrava serviço marcando gols, destacando-se nas bolas aéreas devido a sua altura. O passe de Evair era diferenciado, característica que carregou dos tempos em que atuava como um autêntico camisa 10, deixando os seus companheiros em ótimas situações de gol.

Em 1986, o futebol de Evair começou a aparecer definitivamente no cenário nacional. Disputou "cabeça a cabeça" a artilharia do Brasileirão de 1986 com Careca do São Paulo, que a exemplo de Evair também havia saído das categorias de base do Guarani. Ao final do campeonato em que o São Paulo sagrou-se campeão e o Guarani o vice, Careca venceu a disputa da artilharia do Brasileirão pela diferença mínima de um gol, 25 tentos contra 24 de Evair.

Em 1987, aos 22 anos, o centroavante teve seu futebol reconhecido com a primeira convocação para a seleção brasileira. Sob o comando de Carlos Alberto Silva, Evair foi convocado para a partida amistosa contra a seleção do Uruguai, realizada no dia 28 de março de 1987, no estádio do Mineirão, em Belo Horizonte, vencendo o Brasil por 1x0, gol de Valdo. O primeiro gol de Evair com a camisa da seleção brasileira aconteceu em sua terceira participação no escrete canarinho, na partida amistosa, realizada no dia 5 de abril, contra a seleção da Bolívia, no estádio Félix Capriles, em Cochabamba, na Bolívia. Evair anotou o primeiro gol brasileiro na partida, cujo placar apontou o empate em 2x2.

No mesmo ano, Evair voltou a ser convocado para a seleção brasileira pelo técnico Carlos Alberto Silva. Dessa vez, para a disputa dos Jogos Pan-Americanos em Indianápolis, nos Estados Unidos. Nessa competição, Evair atuou em quatro das cinco partidas disputadas pelo Brasil, jogou contra Canadá (4x1), Chile (0x0), México (1x0) e Chile (2x0) novamente na decisão. O artilheiro somente não esteve em campo na partida contra Cuba (3x1). O Brasil conquistou o título Pan-Americano invicto e, Evair, que pôde atuar ao lado de João Paulo – seu companheiro de Guarani –, marcou 2 gols que foram decisivos, o primeiro contra o México na prorrogação das semifinais e o outro gol contra o Chile na prorrogação da decisão do Pan, realizada no dia 21 de agosto de 1988, no estádio *Soccer And Sports Center*, em Indianápolis, nos Estados Unidos. Washington anotou o segundo gol do Brasil na decisão.

Apesar de ser reconhecidamente um grande jogador, a carreira de Evair na seleção brasileira não foi muito extensa. Ao todo, o jogador atuou com a camisa amarelinha em apenas 24 partidas, anotando 6 gols. O centroavante sentiu muito o fato de não ter participado da Copa do Mundo dos Estados Unidos em 1994, quando o Brasil sagrou-se Tetracampeão do Mundo. Na época, o próprio Evair afirmava estar na melhor fase de sua carreira. Chegou a ser convocado algumas vezes pelo técnico Carlos Alberto Parreira durante a fase de preparação e eliminatórias, porém, foi esquecido na hora da convocação para o mundial. Evair avalia a sua não participação na Copa devido a falta de um melhor trabalho de marketing pessoal.

Em 1988, o jogador voltou a conquistar um vice-campeonato. Dessa vez, perdeu o Paulistão para o Corinthians de Viola, e o Guarani, além de Evair, contava com jogadores experientes e de alto nível técnico como Sérgio Néri, João Paulo, Neto, Marco Antônio Boiadeiro, Careca Bianchesi, Ricardo Rocha, Tosin, Paulo Isidoro, entre outras feras. Após o Paulistão de 1988, que terminou como artilheiro máximo da competição com 19 gols, o jogador foi negociado com o Atalanta da Itália, lá permanecendo por três anos.

Na terra da Bota, Evair continuou mantendo sua fama de artilheiro, mas a saudade de casa e as muitas contusões, destacando uma no maléolo (parte composta por apófises que compõem a região inferior da tíbia e do perônio e formam o tornozelo; o maléolo externo é o do perônio e o maléolo interno da tíbia), que afastou Evair por cinco meses do futebol, fizeram com que a passagem do jogador no clube italiano, onde fez dupla de ataque com o argentino Caniggia, não fosse de arrancar suspiros.

Em 1991, o Atalanta decidiu abrir mão de Evair. O clube italiano tinha interesse no atacante Careca Bianchesi do Palmeiras, que havia atuado junto com Evair nos tempos de Guarani. Careca era uma atacante normal, porém, com a camisa do Palmeiras, em determinados períodos de 1990 e 1991, passou a exibir um futebol de primeira linha, sendo inclusive convocado para a seleção brasileira, que na época era dirigida por Paulo Roberto Falcão, que realizava um trabalho de laboratório em busca de renovações. O momentâneo bom futebol de Careca cativou os dirigentes de Bergamo e mais do que depressa fizeram uma proposta ao Palmeiras: Careca Bianchesi por Evair e mais 700 mil dólares. O Palmeiras também não precisou pensar muito, aceitando a proposta, que, sem dúvida nenhuma, foi a melhor coisa que poderia ter feito. Afinal de contas, Careca Bainchesi nunca conseguiu se firmar na Itália ou em nenhum outro país da Europa, ficando fadado ao ostracismo. Evair, ao contrário, conquistou muitas glórias e o carinho da torcida com a camisa do Palmeiras. O atacante retornava ao Brasil para viver o melhor momento de sua vida profissional com a camisa do Palmeiras.

Quando Evair chegou ao Parque Antártica, em meio ao período de jejum de títulos, nem tudo foi fácil, pois o atacante chegava com a desconfiança dos torcedores e até mesmo das pessoas dentro do clube, que temiam pelas contusões do artilheiro. Em certa ocasião, enquanto jantava, ouviu a conversa de dois garçons dizendo que Evair seria apenas mais um em meio a tantos. Evair estreou com a camisa do Palmeiras no dia 07 de julho de 1991, no amistoso realizado contra o Mogi Mirim, no estádio Wilson Fernandes de Barros, em Mogi Mirim, e o placar apontou 4x2 para a equipe do interior. Foi também nessa partida que Evair marcou seu primeiro gol com a camisa do Palmeiras, em cobrança de pênalti, aos 13 minutos do segundo tempo.

As contusões continuaram atrapalhando a carreira de Evair. Com problema crônico de hérnia de disco, atrapalhando um melhor rendimento do atleta, o jogador, ao lado do goleiro Ivan, do zagueiro Andrei e do atacante Jorginho, foi afastado da equipe pelo técnico Nelsinho Batista, em março de 1992. Alguns foram preteridos por indisciplina. No caso de Evair, a desculpa foi deficiência técnica. Na partida seguinte ao afastamento desses atletas, o Palmeiras entrou em campo contra o rival Corinthians, no dia 29 de março de 1992, no estádio do Morumbi, e, sem forças na defesa e no ataque, acabou derrotado no clássico por 2x1. O artilheiro passou por cinco meses na geladeira do clube, treinando separadamente. Para Evair, esse foi um dos piores momentos de sua carreira, pois recebia seus salários em dia, mas não podia trabalhar como de costume. Seus amigos desapareceram e o jogador se viu em uma situação extremamente delicada.

Evair procurou e encontrou apoio na religião para o momento difícil. Mesmo estando com disponibilidade, o clube não liberava o atleta. O Corinthians, na época, à procura de um centroavante, tentou contratar Evair, porém, o Palmeiras não o liberou. A convivência entre o artilheiro e o técnico Nelsinho Batista era horrível, e ambos acabaram se tornando desafetos declarados. O centroavante permaneceu por cinco meses afastado do time e só voltou a ser aproveitado com a chegada do técnico Otacílio Gonçalves, o "Mestre Chapinha", em agosto de 1992.

Com a chegada do novo treinador, Evair pôde provar a Nelsinho e a todos que duvidavam de sua capacidade, o quanto estavam enganados a seu respeito. O jogador reconhece a importância da chegada de Otacílio Gonçalves em sua recuperação, que acreditou em seu potencial, dando-lhe uma oportunidade. Evair creditou ao treinador a responsabilidade por seu retorno em grande estilo ao futebol. Em 1992, por pouco, o Palmeiras não quebrou o jejum de títulos, perdendo a decisão do Paulistão para o forte São Paulo de Raí e Telê Santana.

No ano seguinte, com o apoio da Parmalat, o Palmeiras montou uma equipe para não apenas ser campeão, mas também para marcar época. E quis o destino que Evair, afastado no ano anterior, fosse nessa grande equipe, que contava com astros como Edmundo, César Sampaio, Zinho, Roberto Carlos, Antônio Carlos, Edílson entre outros, sob a batuta de Vanderlei Luxemburgo, um dos principais jogadores e líderes do elenco.

A campanha de 1993 foi excelente e Evair mostrou um futebol de primeira linha. Além de seus gols e os passes perfeitos para os atacantes finalizarem a gol, outra marca ficou registrada em Evair: a bola parada. Fosse na cobrança de falta ou de pênalti, o atleta era uma arma perigosíssima.

Nas faltas, Evair colocava a bola no ângulo dos goleiros, tanto que, em 1992, nas semifinais do Paulistão contra o Corinthians, em 08 de novembro, no estádio do Morumbi, debaixo de muita chuva, o artilheiro cobrou uma falta na gaveta do goleirão Ronaldo, decretando a vitória do Palmeiras por 1x0. No momento dos pênaltis, Evair corria para a bola como se estivesse trotando, parecia flutuar tamanha a leveza de seus passos em direção à bola, quando o chute saía sempre indefensável para o goleiro.

Na final do Paulistão de 1993, contra o rival Corinthians, Evair foi fundamental na conquista que aconteceu no dia 12 de junho, no estádio do Morumbi. O Corinthians havia vencido a primeira decisiva por 1x0 com um gol de Viola no dia 06 de junho, no mesmo Morumbi. Na sequência, o artilheiro corintiano, em mais uma de suas irreverentes comemorações, imitou um porco. O gesto do jogador enfureceu a torcida e os jogadores do Palmeiras que, insistentemente, observaram o ocorrido durante a semana, já que o assunto foi muito abordado pela imprensa em geral.

Vanderlei Luxemburgo, que é um especialista em mexer com a moral e os brios dos atletas, aproveitou o lado positivo da comemoração de Viola, mostrando aos jogadores o quanto era importante não deixar o rival ser campeão e, principalmente, deixar a fila exatamente em cima do maior rival. Luxemburgo exibiu aos atletas vídeos dos familiares dos jogadores pedindo a conquista e também das comemorações dos corintianos com o gol de Viola e a imitação do porco. Todo o trabalho psicológico de Luxemburgo surtiu efeito.

Na decisão, o Palmeiras entrou em campo cheio de estímulo e passou como um rolo compressor em cima do Corinthians, vencendo o rival por 4x0. Foram 3x0 no tempo normal e 1x0 na prorrogação, com 2 gols de Evair, um no tempo normal, aos 29 minutos do segundo tempo, e outro de pênalti, aos 9 minutos do primeiro tempo da prorrogação. O gol de pênalti na prorrogação foi para o atleta o mais importante de sua carreira. Evair o considera como um caso à parte. Antes da cobrança, o jogador ouviu do volante César Sampaio – um de seus grandes amigos no futebol – a seguinte frase: "Vai, em nome de Jesus".

Evair não fez por menos e converteu a cobrança em cima do goleiro Wilson do Corinthians.

O Palmeiras conquistava o título após 17 anos de fila, e Evair, que voltava ao time titular na decisão após mais de um mês e meio parado devido à contusão, participando apenas do segundo tempo na primeira partida decisiva, substituindo Maurílio, saía de campo com a sensação de dever cumprido e de volta por cima, aclamado pelos torcedores como um grande herói da conquista. O jornalista Roberto Avallone apelidou Evair de "El Matador", alcunha que acompanha o ídolo palestrino até hoje.

Evair sempre foi considerado um jogador tranquilo, porém, acumulou ao longo de sua carreira mais um desafeto. Dessa vez era o "Animal" Edmundo quem se desentendia com o centroavante. Dentro de campo, as coisas corriam maravilhosamente bem. Eram os parceiros ideais para o ataque do Palmeiras. Bastava um ou outro sair da equipe para que o setor ofensivo caísse de produção, porém, o entendimento entre os atletas fora das quatro linhas era péssimo e isso foi percebido publicamente pela primeira vez no clássico disputado contra a Portuguesa, no sábado pós-carnaval de 28 de fevereiro de 1993, no estádio do Pacaembu, em partida válida pelo Campeonato Paulista.

O Palmeiras mandou uma goleada de 4x0 para cima da Portuguesa. Edmundo e Evair marcaram um gol cada, mas mesmo com o futebol envolvente, os dois atacantes se desentendiam a todo o instante. As confusões entre Evair e Edmundo permaneceram por todo o período em que atuaram juntos no clube. Nem sequer se falavam. Ainda em 1993, o Palmeiras obteve nova conquista em cima do rival Corinthians, dessa vez, no Torneio Rio-São Paulo. Contudo, Evair não participou da conquista, pois ao lado de César Sampaio e Zinho, esteve no Equador a serviço da seleção brasileira na disputa da Copa América, mas a seleção brasileira acabou desclassificada nas quartas de final pela rival Argentina pelo placar de 6x5 nos pênaltis, após empate em 1x1 no tempo normal. Evair não atuou em nenhuma partida da competição.

A sequência de conquistas de Evair no Palmeiras continuou em 1993 com o título do Campeonato Brasileiro em cima do Vitória da Bahia do até então iniciante goleiro Dida. O Palmeiras havia vencido a primeira partida decisiva realizada no dia 12 de dezembro de 1993, no estádio da Fonte Nova, em Salvador, por 1x0 com gol de Edílson aos 32 minutos do segundo tempo.

Na segunda partida, realizada em São Paulo, no estádio do Morumbi, no dia 19 de dezembro, o Palmeiras facilmente bateu o Vitória por 2x0, ainda no primeiro tempo, com gols do próprio Evair aos 4 minutos e de Edmundo aos 23. Depois, com o título assegurado, o Palmeiras apenas tocou a bola, aguardando o apito final do árbitro Márcio Rezende de Freitas para comemorar o terceiro título brasileiro de sua história.

Em 1994, as conquistas continuaram. Evair marcou de cabeça, aos 19 minutos do primeiro tempo, o gol do bicampeonato paulista do Palmeiras. Fato que não ocorria desde o tricampeonato em 1932, 33 e 34. O Paulistão disputado por pontos corridos, devido à pressa pelo início da Copa do Mundo, realizada naquele ano nos Estados Unidos, acabou com uma rodada de antecipação. Na partida realizada contra o Santo André, no dia 12 de maio de 1994, no estádio Bruno José Daniel, em Santo André. Na última rodada, realizada no dia 15 de maio de 1994, no estádio do Pacaembu, o Palmeiras não permitiu que o rival Corinthians carimbasse a faixa da conquista, vencendo por 2x1, com gols de Evair e Edílson. Tupãzinho descontou para o Corinthians.

Após a conquista do tetracampeonato brasileiro na Copa dos Estados Unidos, a hegemonia do Palmeiras voltava ao cenário nacional. A equipe conquistava o bicampeonato brasileiro, novamente em cima do Corinthians, que nesse período áureo tornou-se o grande freguês de Evair e Cia. No ano anterior, o Palmeiras havia sido campeão em cima do Vitória, quando todos davam como certa uma final contra o Corinthians, que também havia feito um grande campeonato, sendo desclassificado pelo próprio Vitória na fase semifinal, na única derrota da equipe em toda a competição. Então, para confirmar o título não só de 1994, como também o do ano anterior, Palmeiras e Corinthians entraram em campo pela primeira vez para decidir o Brasileirão no dia 15 de dezembro de 1994, no estádio do Pacaembu.

O Verdão passou como um trator em cima do bom Corinthians, vencendo por 3x1, com 2 gols de Rivaldo e um de Edmundo. Marques ainda descontou para o Corinthians. Na segunda partida realizada no dia 18 de dezembro, no mesmo Pacaembu, o empate em 1x1 com gols de Marques para o Corinthians aos 3 minutos do primeiro tempo e Rivaldo aos 36 do segundo tempo, após bela jogada de Edmundo pela direita, garantiram ao Palmeiras de Evair, que havia balançado as redes adversárias por 14 vezes durante o campeonato, sendo fundamental na conquista, o quarto título nacional de sua história. E, para aqueles que desdenharam a conquista palestrina no ano anterior pelo fato de não ter enfrentado durante a competição o rival Corinthians, a resposta estava dada.

Após a série de conquistas e o reconhecimento de toda a torcida do Palmeiras, em 1995, Evair, ao lado de Zinho e César Sampaio, conquistou sua independência financeira atuando do outro lado do mundo, no time do Yokohama Flugels do Japão. Permaneceu na Terra do Sol Nascente por dois anos, quando, em 1997, decidiu retornar ao Brasil para atuar no Atlético Mineiro. A passagem do "El Matador" em Minas Gerais, sua terra natal, durou apenas seis meses, mas ainda a tempo de continuar sendo um grande algoz do pobre Corinthians, quando as equipes se encontraram nas oitavas de final da Copa do Brasil daquele ano.

A primeira partida realizada em São Paulo foi vencida pelo Corinthians por 1x0. A segunda, em Belo Horizonte, terminou empatada em 1x1. Evair anotou um gol para o Galo. Contudo, dessa vez, o Corinthians levou a melhor sobre Evair.

No segundo semestre de 1997, Evair foi defender o Vasco da Gama para, no clube carioca, novamente realizar dupla de ataque com seu desafeto Edmundo. No clube cruzmaltino, aproveitando-se da experiência adquirida no futebol japonês, tornou-se muito mais um preparador de jogadas do que propriamente um centroavante de área. O resultado apareceu com a conquista do título brasileiro em cima do Palmeiras de Felipão e com os 29 gols anotados por Edmundo durante o campeonato, quebrando o recorde que pertencia a Reinaldo do Atlético Mineiro desde 1977 com 28 gols.

Em 1998, Evair atuou pela Portuguesa e esteve presente na polêmica partida das semifinais do Paulistão daquele ano contra o Corinthians. Apitada pelo árbitro argentino Xavier Castrilli, Evair foi o autor de uma das penalidades a favor do Corinthians. Em 1999, o "El Matador" recebeu várias sondagens de outros clubes, inclusive do rival Corinthians, porém, preferiu retornar ao Palmeiras – sua casa mais querida –, estando o clube de portas abertas para o retorno de um de seus maiores ídolos, dando de presente à torcida, a conquista do título inédito da Copa Libertadores da América contra o Deportivo Cali da Colômbia, no dia 16 de junho de 1999, no estádio do Parque Antártica, em São Paulo.

O Palmeiras havia sido derrotado por 1x0 na primeira partida decisiva realizada no estádio Pascual Guerrero, em Cáli, na Colômbia, com gol de Bonilla aos 42 minutos do primeiro tempo. Na segunda decisiva, atuando em casa com o apoio da torcida, o Palmeiras venceu o Deportivo Cali por 2x1. Evair, de pênalti, abriu o placar aos 19 minutos do segundo tempo. Zapata empatou novamente de pênalti aos 24 minutos, e Oseias, aos 30 minutos, marcou o gol que levava a decisão aos pênaltis.

Evair, que havia entrado no segundo tempo, substituindo o lateral direito Arce, acabou expulso pelo árbitro Ubaldo Aquino, porém, de fora, presenciou o mesmo Zapata que havia marcado o gol para a equipe do Deportivo no tempo normal, bater a sua cobrança para fora, garantindo o título máximo da América para o Palmeiras. Com o título da Libertadores na bagagem, o Palmeiras seguiu rumo à final do mundial interclubes contra o time inglês do Manchester United. Contudo, infelizmente as coisas não foram bem para o Palmeiras naquele dia 30 de novembro de 1999, no estádio Nacional de Tóquio no Japão, quando, com um gol do irlandês Roy Keane, aos 35 minutos do primeiro tempo, após falha de Marcos, o Palmeiras deu adeus à conquista do título mundial. Evair, que passou grande parte da decisão no banco de reservas, substituindo Galeano, sofreu muito com a perda do título e posteriormente declarou: "Algumas pessoas não entenderam a importância dessa partida para um jogador que deu sua vida ao Palmeiras". Essa foi à última partida de Evair com a camisa do clube. Ele confessa que a única tristeza que guarda, dos tempos de Palmeiras, foi não ter conseguido conquistar o mundial interclubes.

Após a perda do mundial, o jogador transferiu-se para o rival São Paulo, clube que o havia dispensado no passado. No Morumbi, Evair atuou em 31 partidas anotando 9 gols. Mesmo com poucas oportunidades como titular, conquistou o Campeonato Paulista de 2000. Após sua rápida passagem pelo São Paulo, o jogador passou pelo Goiás ainda em 2000 e, no ano seguinte, pelo Coritiba. Retornou ao Goiás em 2002 e, em 2003, foi defender o Figuerense, quando atingiu a marca de 100 gols anotados no Campeonato Brasileiro.

Em Santa Catarina, Evair, aos 38 anos de idade e 23 de carreira entre amador e profissional, decidiu encerrar sua trajetória no futebol. A decisão ocorreu por dois motivos: primeiro pelo fato do artilheiro sentir que não poderia render mais como antes e segundo por necessitar dedicar um período maior em prol do delicado estado de saúde de seu pai. Mesmo atuando em todas essas equipes, Evair não vacila um segundo sequer em dizer que o Palmeiras é o mais querido de todos em seu coração.

Após a saída dos gramados, "O El Matador" decidiu continuar trilhando seus caminhos a serviço do futebol, porém, como técnico. Apenas quatro meses após sua despedida, o ídolo palmeirense assumia o comando técnico do Vila Nova. Sua estreia ocorreu no dia 08 de fevereiro de 2004, vencendo o Anapolina por 1x0 em partida válida pelo Campeonato Goiano. O treinador levou o Vila Nova ao vice-campeonato goiano, perdendo a decisão para o CRAC. Evair foi mantido para a disputa do Brasileirão da série B, porém, mesmo com um bom início de campeonato, chegando a equipe a liderar o certame, uma queda de rendimento fez o ídolo palestrino ser demitido, mas ainda continuou mantendo laços com a equipe, e trabalhou como observador durante a Copa São Paulo de Juniores.

Após a sua passagem pelo Vila Nova, Evair permaneceu por um bom tempo preparando melhor sua carreira. Retornou em 2007 como auxiliar técnico e coordenador das categorias de base da Ponte Preta, cujo técnico do time principal era Nelsinho Batista, ex-desafeto de Evair, mas na "macaca" acabaram acertando todas as diferenças do passado. Evair passou por inúmeros protestos com relação ao seu ingresso na Ponte Preta pelo fato de sua imagem em Campinas estar diretamente ligada ao Guarani.

O jogador também sofreu com esse dilema quando o técnico Nelsinho Batista foi convidado a assumir o Corinthians em 2007 durante o Campeonato Brasileiro, decidindo não acompanhar o treinador, pela imagem que sempre carregou como grande carrasco do Corinthians com a camisa do rival Palmeiras. Nelsinho acabou sendo rebaixado com a equipe do Corinthians à série B do Campeonato Brasileiro. Após sua passagem pela Ponte Preta, Evair retornou ao futebol goiano para, em seguida, dirigir Anápolis, CRAC e Itumbiara, já que confessou ser apaixonado pela cidade de Goiás. Porém, em 2010, mudou de ares, assumindo o Uberlândia, em Minas Gerais. O hoje treinador Evair não esconde de ninguém o desejo de um dia poder trabalhar na comissão técnica do time que mais amou em toda a sua vida: o Palmeiras.

Com a camisa do Palmeiras, Evair atuou em 245 jogos e marcou 127 gols, tornando-se o 6º maior artilheiro da história do clube. "O El Matador" foi para a torcida do Palmeiras um ícone da quebra de um incômodo jejum que durava 17 anos. Foi o representante da torcida dentro de campo nas maiores conquistas do clube. O centroavante foi o símbolo da determinação e da volta por cima, mostrando que o seu amor pelo Palmeiras foi maior que qualquer problema de contusão ou deficiência técnica, sempre resgatando forças do fundo da alma para ser craque e servir ao Palmeiras com todo o amor do mundo.

DUDU

A academia de futebol do Palmeiras era tão perfeita que possuía dois técnicos, um fora de campo e outro dentro das quatro linhas: Olegário Tolói de Oliveira, o popular Dudu, nascido em 07 de novembro de 1939, em Araraquara, interior de São Paulo.

O jovem Dudu, desde cedo, trabalhou em um escritório de Araraquara, e sempre deixou bem claro que a organização e o empenho eram palavras-chaves, requisitos que o jogador carregou para dentro dos gramados. Ao mesmo tempo em que emprestava seu tempo ao trabalho burocrático do escritório, o garoto, com 15 para 16 anos, em 1955, desfilava também sua maestria pelas categorias de base do extinto time do ADA (Associação Desportiva de Araraquara – equipe formada por intermédio da fusão de Paulista e São Paulo de Araraquara), como um meia de armação.

Aos poucos, o jogador passou a dedicar maior parte de seu tempo em prol do futebol em vez do escritório, até largar definitivamente a escrivaninha para seguir carreira com a chuteira. Em 1959, Dudu conquistou o título de campeão amador com o ADA. A categoria, a raça e a disposição impostas por Dudu nos campeonatos amadores, onde o jogador era destaque e um autêntico operário da bola, logo foram percebidas pelos homens que comandavam a Associação Ferroviária de Esportes e assim ele foi contratado pela equipe mais popular de Araraquara.

Com a camisa da Ferroviária, Dudu conseguiu grandes resultados, não apenas no futebol interiorano, mas também no futebol estadual, brasileiro e internacional. Atuando na melhor equipe do interior paulista, conquistou o terceiro lugar do Campeonato Paulista da primeira divisão em 1959, à frente de São Paulo, Corinthians e Portuguesa. O jogador, que fazia uma excelente dupla de meio-campo com Bazani, mais tarde seria negociado com o Corinthians na maior transação entre um clube do interior e da capital para a época. Ao lado de vários companheiros de Ferroviária, foi convocado para a seleção paulista que foi a campeã nacional em 1960.

Participou também, no primeiro semestre de 1960, da gloriosa excursão da Ferroviária à Europa e à África Portuguesa, onde o time enfrentou gigantes como Sporting, Porto e Atlético de Madrid. A excursão, que durou quase 65 dias, teve um aproveitamento muito bom da equipe de Araraquara, que venceu 17 vezes em 20 jogos, empatando duas e perdendo apenas uma vez por 1x0 para o Sporting. Saiu sem derrotas contra o Porto, vencendo por 2x0, e garantiu o empate em 1x1 contra o Atlético de Madrid, mesmo com um jogador a menos, além de empatar por 1x1 contra o Sporting, com quem jogou duas vezes. Contra as equipes africanas, venceu todas as partidas.

Nessa excursão, Dudu anotou 6 tentos. Em 1963, a Ferroviária voltou a excursionar, mas, dessa vez, em gramados da América Central. Em 17 partidas, o time venceu 14 vezes e foi derrotado em 3 oportunidades, anotando Dudu 4 gols. Ainda em 1963, o time da Ferroviária foi à Vila Belmiro enfrentar o Santos de Pelé, que acabava de se consagrar como bicampeão mundial. Contudo, na partida em que desfilavam craques como Pelé, Pepe, Coutinho, entre tantas outras feras, o time de Araraquara, comandado por Dudu, mandou uma sonora goleada de 4x1 para cima de um dos maiores times da história do futebol de todos os tempos: o Santos do Rei Pelé.

Com o sucesso da Ferroviária e o bom futebol mostrado por Dudu, surgiram naturalmente inúmeras equipes interessadas pelo passe do bom meia. Santos, Flamengo, equipes de Portugal e o poderoso Atlético de Madrid estavam no páreo para a aquisição de Dudu. No entanto, nem o interesse de todas essas equipes juntas nem as altas cifras envolvidas em sua transferência para o exterior, emocionaram tanto o jogador como o interesse de seu time do coração pelo seu futebol – o Palmeiras, que procurava um substituto para o volante pernambucano Zequinha. Então, aos 25 anos, em 1964, Dudu desembarcava no Parque Antártica para ser o grande pulmão da famosa "Academia do Palmeiras" e um dos maiores jogadores da história do clube de todos os tempos.

A vontade de brilhar com a camisa do time de coração fez Dudu se adaptar rapidamente à cidade grande, deixando de lado a saudade de Araraquara. A estreia de Dudu com a camisa do Palmeiras aconteceu no dia 11 de abril de 1964, no estádio do Pacaembu, contra o Santos, em partida válida pelo torneio Rio-São Paulo, cujo placar apontou 2x1 para o time da Vila Belmiro, com gols de Zito e Peixinho para o Santos, e Julinho Botelho para o Palmeiras. Dudu não precisou de muitas partidas para alcançar a condição de titular do Palmeiras. Seu estilo voluntarioso e de muita liderança, fez o jogador adquirir respeito junto aos seus companheiros de clube. Formou, ao lado de Ademir da Guia, uma das mais perfeitas duplas de meio-campo da história do futebol mundial.

A parceria entre Dudu e Ademir da Guia é, sem dúvida nenhuma, um caso a parte na história do Palmeiras. A química entre ambos era tão fabulosa que Dudu deixou a posição de meia para atuar como volante ao lado de Ademir da Guia, sem perder a categoria dos tempos em que era responsável pelas jogadas de armação do time de Araraquara.

O jogador confessa que não seria muito inteligente continuar jogando como meia no time do Palmeiras, pois no clube já havia o consagrado Ademir da Guia na posição. Então, sabiamente, como o próprio Dudu define, preferiu atuar como volante.

Em campo, Dudu era um dos grandes líderes da equipe, um técnico dentro de campo. Marcava os adversários como um leão, dando liberdade para a maestria de Ademir da Guia na criação aos homens de frente. Dudu combatia, cobria as descidas dos laterais e ainda chegava à frente para concluir em gol. Sua parceria com Ademir da Guia era tão notória que, em muitas ocasiões, o nome de ambos nas escalações era citado como sendo um só "Dudu e Ademir da Guia", além do fato de o jogador nunca permitir que nenhum adversário colocasse banca à sua equipe. Encarava todas a favor do Palmeiras.

Como o atleta também sabia armar muito bem, em algumas raras oportunidades, quando "O Divino" não se encontrava bem na partida, os dois mudavam de posição, deixando a armação da equipe nos pés de Dudu, enquanto Ademir da Guia recuava para a posição de volante.

O primeiro gol de Dudu com a camisa do Palmeiras aconteceu no clássico contra o São Paulo, no dia 15 de novembro de 1964, no estádio do Pacaembu, em partida válida pelo segundo turno do Campeonato Paulista daquele ano, cujo placar apontou sonoros 5x2 para o São Paulo.

Com camisa do Palmeiras, Dudu conquistou nove títulos: Campeonato Brasileiro de 1972, 73; Torneio Roberto Gomes Pedrosa de 1967 e 69; Taça Brasil de 1967; Torneio Rio-São Paulo de 1965 e Campeonato Paulista de 1966, 1972 e 1974.

O carisma de Dudu era observado não apenas dentro das quatro linhas. Devido ao seu estilo raçudo e incansável, marcando seus adversários implacavelmente, foi apelidado de "Carrapato", ganhando também a alcunha mencionada até hoje, originada pelo consagrado e saudoso narrador esportivo Fiori Giglioti, de "O Moço de Araraquara".

Em 1972, o jogador conquistou o prêmio que ele mesmo considera como o mais importante em sua carreira – o troféu "Jogador Operário do Ano". A liderança de Dudu junto ao elenco do Palmeiras não era sentida apenas durante as partidas. O volante sempre aconselhava os mais jovens, impedindo que eles pudessem cometer algum erro na vida devido à inexperiência. Em 1975, Dudu tornou-se presidente do Sindicato dos Jogadores Profissionais de São Paulo.

Mesmo sendo um dos principais jogadores do time do Palmeiras e do futebol brasileiro, a exemplo de seu amigo e grande parceiro no meio-campo palmeirense – Ademir da Guia –, a vida profissional de Dudu também não foi muito longa na seleção brasileira. O jogador esteve presente em apenas 13 convocações, fazendo parte da enorme lista elaborada pelo técnico Vicente Feola na preparação da Copa do Mundo da Inglaterra em 1966. Devido à extrema pressão dos dirigentes dos clubes do eixo Rio-São Paulo, constavam da lista 47 jogadores para o período de treinamentos em Serra Negra, interior de São Paulo e Caxambu, interior de Minas Gerais.

Na lista dos convocados estavam: Goleiros – Fábio (São Paulo), Gylmar (Santos), Manga (Botafogo), Ubirajara Mota (Bangu) e Valdir (Palmeiras); Laterais – Carlos Alberto Torres (Santos), Djalma Santos (Palmeiras), Fidélis (Bangu), Murilo (Flamengo), Édson Cegonha (Corinthians), Paulo Henrique (Flamengo) e Rildo (Botafogo); Zagueiros – Altair (Fluminense), Bellini (São Paulo), Brito (Vasco), Ditão (Flamengo), Djalma Dias (Palmeiras), Fontana (Vasco), Leônidas (América/RJ), Orlando Peçanha (Santos) e Roberto Dias (São Paulo); Apoiadores – Denílson (Fluminense), Dino Sani (Corinthians), Dudu (Palmeiras), Edu (Santos), Fefeu (São Paulo), Gérson (Botafogo), Lima (Santos), Oldair (Vasco) e Zito (Santos); Atacantes: Alcindo (Grêmio), Amarildo (Milan), Célio (Vasco), Flávio (Corinthians), Garrincha (Corinthians), Ivair (Portuguesa de Desportos), Jair da Costa (Inter de Milão), Jairzinho (Botafogo), Nado (Náutico), Parada (Botafogo), Paraná (São Paulo), Paulo Borges (Bangu), Pelé (Santos), Servílio (Palmeiras), Rinaldo (Palmeiras), Silva (Flamengo) e Tostão (Cruzeiro).

Dos quarenta e sete politicamente convocados por Feola, apenas vinte e dois viajaram de fato para a Inglaterra, e o Brasil acabou com a vexatória 11ª colocação em um mundial em que tudo deu errado, a começar pelo período de preparação. Os vinte e dois escolhidos foram Gylmar e Manga (goleiros); Djalma Santos, Fidélis, Paulo Henrique e Rildo (laterais); Bellini, Altair, Brito e Orlando Peçanha (zagueiros); Denílson, Lima, Gérson e Zito (apoiadores); Garrincha, Edu, Alcindo, Pelé, Jairzinho, Silva, Tostão e Paraná (atacantes). O nome de Dudu não constou da lista final de Vicente Feola.

Se Dudu não conseguiu grandes oportunidades com a camisa canarinho, em contrapartida, ele esteve em campo quando o Palmeiras fez às vezes de seleção brasileira, no amistoso realizado no feriado de 07 de setembro de 1965, no estádio Magalhães Pinto – o popular Mineirão –, em Belo Horizonte, contra a seleção do Uruguai. Em uma época na qual existiam grandes equipes no Brasil – como o próprio Santos de Pelé e Cia e o Botafogo de Garrincha e Nílton Santos –, o Palmeiras de Dudu e Ademir da Guia foi escolhido pela CBD para representar o escrete canarinho por ser considerada a melhor equipe do futebol brasileiro naquele momento.

O Uruguai acabava de se classificar de forma invicta para o mundial da Inglaterra de 1966, contando com grandes jogadores como Cincunegui (que atuou pelo Atlético Mineiro), Manicera (que atuou pelo Flamengo), Varela, Douksas, Esparrago entre outros, chegando para o amistoso cheio de moral após o triste Maracanazo de 1950, mesmo 15 anos depois. Mas em campo, a seleção alviverde não deu a menor moral para a celeste olímpica, e com gols de Rinaldo, Tupãzinho e Germano, o Palmeiras pôde enfim vingar a nação com sonoros 3x0 sobre o Uruguai, dando o troco do Maracanazo.

O troféu oferecido ao vencedor da partida ficou por 23 anos na sede da CBD (posteriormente CBF), porém, em 1988, por questões judiciais, foi acordado entre as partes que o troféu deveria permanecer na sede do Palmeiras, e permanece até hoje por lá, na sala de troféus.

As seleções que entraram em campo: Brasil (Palmeiras) – Valdir de Moraes (Picasso); Djalma Santos, Djalma Dias e Ferrari; Dudu (Zequinha) e Valdemar (Procópio); Julinho (Germano), Servílio, Tupãzinho (Ademar Pantera), Ademar da Guia e Rinaldo (Dario). Uruguai – Taibo (Fogni); Cincunegui (Brito), Manciera e Caetano; Nuñes (Lorda) e Varela; Franco, Silva (Vingile), Salva, Dorksas e Espárrago (Morales). Árbitro: Eunápio de Queiroz.

Em 1974, o volante Dudu conquistou pela primeira e única vez o troféu "Bola de Prata" – prêmio oferecido pela revista brasileira Placar –, fazendo parte da seleção dos melhores jogadores do Campeonato Brasileiro daquele ano, sendo o único palmeirense escolhido.

Ainda em 1974, Dudu esteve presente na final do Campeonato Paulista de 1974 – uma das maiores emoções do Palmeiras em toda a sua história – contra o rival Corinthians, que amargava uma interminável fila de 20 anos sem conquistas. A final, realizada no estádio Cícero Pompeu de Toledo, o popular Morumbi, em São Paulo, no domingo de 22 de dezembro, teve na figura de Dudu um estímulo a mais para a conquista palestrina.

O jogador, em certo momento da partida, postou-se na barreira à frente de Rivelino em uma cobrança de falta, protegendo a meta palmeirense do goleiro Leão – o craque corintiano que ficou conhecido como "Patada Atômica" na conquista brasileira do tricampeonato em 70 no México, devido à violência imposta pelos seus chutes, principalmente nas cobranças de falta –, soltando Rivelino uma bomba que explodiu em cheio no rosto de Dudu, nocauteando o volante.

O jogador precisou ser amparado pelos médicos fora do gramado, tamanha a violência do chute de Rivelino na bola tipo capotão, que estava muito mais pesada que o normal, pois estava encharcada pela chuva que caía em São Paulo. Fosse uma partida corriqueira de meio de campeonato, provavelmente Dudu não voltaria a campo, mas enquanto o jogador era atendido na beira do gramado, ainda muito tonto, observou outra falta perigosa para o Corinthians, e quando Rivelino já se postava para a cobrança, Dudu, mais do que depressa, mesmo enxergando estrelas à sua frente, posiciona-se novamente à frente de Rivelino que, dessa vez, optou por um chuverinho na área, que acabou não dando resultado nenhum. A torcida do Corinthians se decepcionou. A torcida do Palmeiras foi à loucura. Muito humildemente, Dudu declarou que essa atitude esteve longe de ser uma provocação a Rivelino, afirmando que estava apenas defendendo a meta de Leão dos chutes poderosos do meia-esquerda corintiano. A atitude de Dudu, que ainda por cima grudou em Rivelino durante os 90 minutos da decisão, não dando espaços para o "Garoto do Parque", encheu os jogadores do Palmeiras de brios, que, a partir daí, permaneceram firmes no propósito da conquista, que acabou acontecendo com o gol do centroavante Ronaldo aos 24 minutos do segundo tempo.

Ao final da partida, a torcida do Palmeiras, minoria no Morumbi, gritava ensandecida: "Zum, zum, zum, é vinte e um", quando, na realidade, acabou por ser 23. No ano anterior, em 1973, Dudu também havia anulado outro craque consagrado do futebol mundial na decisão do Campeonato Brasileiro de 1972, contra o Botafogo, realizada no dia 23 de dezembro, no estádio do Morumbi. O volante Palmeirense anulou o furacão Jairzinho, segurando o empate em 0x0, que garantiu ao Palmeiras o primeiro Campeonato Brasileiro de sua história.

Aos 36 anos, Dudu já era sabedor que a fantástica dupla de meio-campo palmeirense precisava ser renovada, pois o gás já não era o mesmo de outrora. Então, no dia 24 de janeiro de 1976, na partida realizada contra a Portuguesa de Desportos, em jogo válido pela Taça Governador do Estado, no estádio do

Parque Antártica, em São Paulo, cujo placar apontou o empate em 3x3, Dudu realizou sua última partida com a camisa do Palmeiras, despedindo-se do futebol, após 17 anos de carreira.

O jogador deixava o time do Palmeiras dando lugar ao volante Didi no time titular, porém, aproveitando-se do moral que tinha no clube, Dudu foi convidado para ser treinador das categorias de base do clube, permanecendo por apenas quatro meses, sendo convidado a dirigir o time principal do Palmeiras após a demissão do técnico Dino Sani. Entendedor da posição de volante, a primeira providência imposta por Dudu quando assumiu o comando técnico da equipe, foi escalar o jovem Pires – revelado nas categorias de base do Palmeiras no time titular – no lugar de Didi, que até então todos achavam que seria o substituto perfeito de Dudu.

No mesmo ano em que assumiu a equipe, Dudu conquistou o título de campeão paulista de 1976, vencendo o XV de Piracicaba no dia 18 de agosto de 1976, no estádio do Parque Antártica, em São Paulo, que se encontrava abarrotado com mais de 40 mil torcedores – o maior público da história do estádio. O Palmeiras venceu o Campeonato Paulista de 1976 com uma rodada de antecedência por 1x0 com gol de Jorge Mendonça – a maior estrela da equipe na época ao lado de Ademir da Guia – aos 39 minutos do primeiro tempo. Mas o que Dudu e todos os palmeirenses não esperavam é que, após esse título, o clube do Parque Antártica só voltaria a gritar "É Campeão" 17 anos depois.

Dudu permaneceu no Palmeiras até 1980, quando aceitou o convite para dirigir a seleção paulista de juniores. Em seguida, passou por Ferroviária, América do Rio e voltou a dirigir o Palmeiras interinamente em algumas oportunidades, encerrando a carreira como treinador no Desportivo Ferroviário de Vitória.

Dudu, que atualmente mora em São Paulo, é casado com Maria Helena e é pai de Gláucia e Marcelo. Atua em atividades espíritas e cuida da associação "COOPERESPORTES" ao lado do ex-corintiano e amigo Basílio, que ajuda na formação de garotos carentes e auxilia ex-atletas no ostracismo com dificuldades financeiras. Mesmo fazendo parte do time dos "sessentões", Dudu nunca dispensa um bate-bola em uma equipe de ex-jogadores em São Paulo, declarando o seguinte em 2002: "Estou com 62 anos e ainda dou alguns toques na bola. Então, eu digo que vou morrer dentro de campo e vou morrer feliz".

O velho ídolo palmeirense confessa que não tem mais paciência para ir aos estádios, porém, em casa, jamais dispensa uma grande partida, seja no cenário nacional ou internacional.

Os caminhos de Dudu foram seguidos pelo seu sobrinho Dorival Júnior, que a exemplo do tio, atuou no Palmeiras como volante e hoje começa a consolidar uma importante carreira de treinador, dirigindo grandes equipes do Brasil como São Caetano e Cruzeiro, e realizando bons trabalhos. O técnico Júnior nunca dispensa os conselhos do tio Dudu e ressalva: "Ser sobrinho de Dudu é uma honra e uma grande responsabilidade por tudo que ele representa como exemplo de atleta profissional e de cidadão preocupado com o próximo".

O volante Dudu esteve em campo com a camisa do Palmeiras em 609 jogos, com 340 vitórias, 160 empates e 109 derrotas, anotando 25 gols, o que fez dele o 3º jogador que mais vezes atuou com a camisa do Palmeiras, atrás apenas de Leão com 617 jogos e Ademir da Guia com 901 jogos.

Como treinador, Dudu esteve a serviço do Verdão em 142 jogos, em três passagens, entre 1976 a 1977, 1981 e 1990 a 1991, com 75 vitórias, 45 empates e 22 derrotas. Vinte anos após sua despedida dos gramados, em 1996, a diretoria do Palmeiras realizou uma homenagem aos serviços prestados por Dudu, oferecendo-lhe um grande jantar na sede do clube.

Dudu foi o principal guerreiro de uma fantástica academia que jamais se importou em carregar o piano para que o maestro divino desfilasse sua categoria. Contudo, em toda a história do futebol, ninguém jamais carregou um piano com tanta categoria e respeito do que Dudu – o maior volante da história do Palmeiras –, que só não possui uma estátua no clube por força do estatuto, já que chegou a atuar contra o Palmeiras defendendo a Ferroviária de Araraquara. Não fosse isso, certamente faria companhia a Ademir da Guia, Waldemar Fiúme e Junqueira nos jardins do Parque Antártica.

CÉSAR MALUCO

É verdade que o palmeirense costuma ser maluco pela sua equipe. No entanto, quando o clube foi fundado em 1914, nem o mais insano de todos os membros da colônia de italianos poderia imaginar que o maior centroavante da história do clube fosse um maluco. Não um maluco qualquer, mas um que enchesse a torcida de orgulho com seus gols e títulos.

O carioca César Augusto da Silva Lemos, nascido no dia 17 de maio de 1945, em Niterói, veio de uma família em que seus dois irmãos também foram jogadores de futebol (o irmão mais velho é José Carlos da Silva Lemos, "O Caio Cambalhota", centroavante revelado pelo Botafogo, que atuou também no Flamengo, Ponte Preta, Atlético Mineiro, América RJ e Bangu.

Em Portugal, defendeu por 11 anos a modesta equipe do Amora. Tinha um estilo todo peculiar de comemorar seus gols, por meio de cambalhotas. O irmão mais novo é Luís Alberto da Silva Lemos, "O Luisinho Tombo", grande centroavante, que chegou a marcar centenas de gols, e a maior parte deles foram anotados quando defendia o América do Rio de Janeiro. Atuou também no Flamengo, Palmeiras, Americano do Rio de Janeiro, Leon do México, Alnakra e Al Saad do Catar, e Las Palmas da Espanha. Com a camisa do Palmeiras, atuou em 27 jogos e marcou 6 gols), iniciando sua carreira ainda muito novo nas categorias de base do Flamengo, aos 17 anos, em 1962.

Apesar de ter sido campeão infanto-juvenil pelo Flamengo – disputando 68 jogos, com 32 vitórias, 18 empates e 18 derrotas, marcando 38 gols –, a pouca idade e a inexperiência do garoto fizeram com que César não decolasse no time rubro-negro, sendo emprestado para o Palmeiras em 1967, aos 22 anos.

O centroavante chegou ao Parque Antártica sem nenhum alarde. Precisou se acostumar à vida longe das badalações e das praias cariocas, porém, não demorou muito tempo para mostrar seu valor. Apenas 10 dias após sua chegada, o atacante já conquistava a condição de titular na equipe, deixando no banco de reservas o experiente atacante gaúcho Tupãzinho.

A estreia de César com a camisa do Palmeiras aconteceu no dia 22 de fevereiro de 1967, no amistoso internacional realizado contra a equipe do Universitário do Peru, no estádio Nacional de Lima, no Peru, substituindo Tupãzinho. O Palmeiras foi derrotado por 1x0. O primeiro gol de César Maluco com a camisa do Palmeiras aconteceu no dia 05 de março de 1967, na partida realizada contra o Fluminense, no estádio do Maracanã, em partida válida pelo Torneio Roberto Gomes Pedrosa, vencendo o Palmeiras por 4x2. César anotou o segundo tento palmeirense aos 35 minutos do primeiro tempo.

Com o bom futebol apresentado pelo jovem César, o Palmeiras tratou rapidamente em adquirir seu passe em definitivo junto à diretoria do Flamengo. Com a camisa do Verdão, César foi um dos maiores expoentes da primeira academia de futebol do Palmeiras. Ao lado de Leivinha, fez história no Parque Antártica.

Mesmo atuando ao lado de monstros sagrados do futebol brasileiro, como Ademir da Guia, Dudu, Leão, Leivinha, entre outros, César não se intimidava e seguia marcando seus gols, quando, em certa ocasião, declarou: "Eu não me intimidei porque confiava no meu potencial. Estava escrito que faria história no Palmeiras".

Defendendo o Palmeiras, o jogador foi um dos primeiros "falastrões" do futebol brasileiro, pois sabia promover um espetáculo como ninguém. Na semana em que antecedia a um clássico, por exemplo, o atleta deitava e rolava em cima dos adversários em suas declarações à imprensa, escolhendo um determinado jogador adversário, além de prometer gols à torcida, o que o fazia ser odiado por seus rivais. Ainda mais porque o jogador costumava cumprir as boas atuações e os gols que prometia durante a semana. Mesmo enxovalhando seus adversários, no momento em que as equipes se postavam no gramado, César, mais do que depressa, procurava o seu alvo preferido durante toda a semana a fim de se reconciliar com ele, desejando-lhe boa sorte no jogo e, como se não bastasse, o jogador ainda perguntava a respeito da família do oponente, gerando um clima de paz e cordialidade.

Contudo, César jamais deixava seu lado falastrão de lado. Enquanto conversava calmamente com seu adversário, não economizava nos gestos, o que à distância fazia parecer à torcida do Palmeiras que as provocações continuavam – os torcedores iam à loucura. O jogador também era um brigão. Arrumava inúmeras confusões dentro de campo, quando, em várias oportunidades, ganhava de "presente" uma expulsão.

As histórias em torno de César Maluco são inúmeras. Em 1972, ofendeu o árbitro Renato de Oliveira Braga, ganhando uma suspensão de nove meses, ficando de fora de todas as partidas do Palmeiras durante a campanha do Campeonato Brasileiro de 1972, cujo título acabou ficando para o próprio Palmeiras. Na decisão do Campeonato Paulista de 1971, contra o São Paulo, no estádio do Morumbi, no dia 27 de junho de 1971, o jogador chegou a correr atrás de um gandula que estava demorando a repor a bola em jogo, cujo placar era desfavorável ao Palmeiras.

Nessa decisão, o atacante Leivinha marcou de cabeça, empatando o jogo, porém, o árbitro Armando Marques anulou o gol, alegando que Leivinha havia tocado com a mão. Em um clássico realizado contra o Corinthians, no dia 27 de janeiro de 1972, no estádio do Pacaembu, em partida válida pelo Campeonato Paulista daquele ano, o Palmeiras vencia por 1x0, com gol de Leivinha aos 12 minutos do segundo tempo. Mas a alegria alviverde durou apenas 3 minutos com o gol de empate de Rivelino para o Corinthians aos 15 minutos da segunda etapa. Após o gol do rival, começou um enorme empurra-empurra, quando César resolveu catimbar a saída de bola no meio-campo.

A atitude do centroavante do Palmeiras irritou o árbitro da partida, Vilmar Serra, que o expulsou da partida. Ao sair do gramado, o jogador, em uma atitude longe do espírito profissional de hoje, bem ao estilo varzeano, resolveu levar consigo a bola da partida. Como naquela época o material utilizado nas partidas era escasso, bem diferente da variedade e da abundância de hoje, o clássico não pôde ser reiniciado por falta de bola, já que a outra presente no jogo foi chutada anteriormente em direção à torcida, jamais voltando ao gramado. Os jogadores em campo ficaram loucos com César. Foi necessária a presença de representantes da Federação Paulista de Futebol no vestiário a fim de interpelar junto a César a devolução da bola para o reinício da partida. César acabou devolvendo a bola, porém, muito tempo depois de deixar o gramado.

Em 1974, o jogador foi pego no exame *antidopping* com a substância Hipofagin (cloridrato de anfepramona) encontrada na urina e, por esse motivo, carregou a "pecha" de dopado por um bom tempo.

César era o típico centroavante trombador que utilizava a força como sua maior arma a fim de balançar as redes adversárias. Também possuía velocidade e oportunismo. Na frente dos goleiros adversários dotava-se de grande frieza, além de ser extremamente competente na jogada aérea, marcando muitos gols de cabeça.

Suas declarações polêmicas, suas comemorações acaloradas junto à torcida, subindo no alambrado após um gol, misturando-se a ela, e suas várias confusões em campo, fizeram com que o jogador recebesse a alcunha de "César Maluco" do narrador esportivo Geraldo José de Almeida, grande radialista paulista, detentor de um estilo próprio de locução que arrebatou inúmeros fãs pelo Brasil afora, criando bordões como: lindo, lindo, lindo; que é isso, minha gente; mata no peito e baixa na terra; ponta de bota e seleção canarinho do Brasil. Apelidou Pelé de "Craque Café", Rivelino de "Garoto do Parque" e Tostão de "Mineirinho de Ouro". Acompanhou a seleção brasileira em cinco Copas do Mundo, iniciando no mundial da Suécia em 1958, quando o Brasil conquistou seu primeiro título mundial. César Maluco era um típico caso de jogador do período romântico do futebol brasileiro dos anos 60 e 70.

Mesmo jogando um futebol vistoso, César não conseguiu uma grande sequência à frente da seleção brasileira. Com a camisa amarelinha, o jogador atuou em onze oportunidades, anotando apenas um gol. Sua estreia aconteceu sob o comando de Zagallo, no dia 21 de abril de 1974, no amistoso realizado contra a seleção do Haiti, no estádio Hélio Prates da Silveira, em Brasília, cujo placar apontou 4x0 para o escrete canarinho. O primeiro e único gol de César Maluco com a camisa da seleção brasileira ocorreu no amistoso realizado contra o Racing Pierrots, no dia 30 de maio de 1974, no Stade de La Meinau, em Estrasburgo, na França, empatando o Brasil em 1x1.

O centroavante foi convocado para a disputa da Copa do Mundo da Alemanha pelo técnico Zagallo em 1974, porém, não atuou em nenhuma partida da campanha brasileira no mundial, que acabou terminando na quarta colocação. Com a camisa do Brasil, César conquistou 6 vitórias, 3 empates e 2 derrotas.

No Parque Antártica, César conquistou sete títulos: o Campeonato Brasileiro de 1972 e 73, o Torneio Roberto Gomes Pedrosa de 1967 e 69, a Taça Brasil de 1967 e o Campeonato Paulista de 1972 e 74.

O artilheiro, como um autêntico palmeirense, o que jamais deixou de admitir, sempre foi um grande algoz do maior rival do clube do Parque Antártica. Em 24 jogos, anotou 14 gols contra o time do Corinthians, uma média de 0,58 gols por partida contra o clube do Parque São Jorge. César nunca escondeu o amor que sente pelas cores do Palmeiras, declarando: "Jogador de futebol não pode ter um clube. Felizmente eu tenho. Eu sou Palmeiras. Eu sou um torcedor antes de ser jogador".

Contudo, ao mesmo tempo em que declara seu amor ao Palmeiras pelos quatro cantos, o ídolo alviverde também não esconde de ninguém a mágoa que sente por não ter sido convidado pela diretoria para ocupar um cargo de maior destaque dentro do clube.

Em 1974, antes mesmo da conquista do Paulistão, o time do Palmeiras, em busca de renovação de seu elenco, decidiu negociar César com o rival Corinthians – a primeira grande contratação após a saída de Rivelino do Parque São Jorge. Certamente, César deixou o Palmeiras contrariado e, ainda por cima, sentiu o enorme peso nas costas ao defender o maior rival do clube. A última partida de César com a camisa do Palmeiras aconteceu no dia 06 de outubro de 1974, no clássico disputado contra o São Paulo, no estádio do Morumbi, em partida válida pelo Paulistão daquele ano. O placar apontou 1x1.

O último gol de César com a camisa do Palmeiras aconteceu no dia 29 de setembro de 1974, no estádio Santa Cruz, em Ribeirão Preto, em partida válida pelo Paulistão de 1974, contra a equipe do Botafogo de Ribeirão Preto, o Palmeiras venceu por 3x2. César anotou o primeiro gol palestrino aos 21 minutos do primeiro tempo. A estreia de César no Corinthians aconteceu no dia 02 de março de 1975, no estádio do Pacaembu, em partida válida pelo Campeonato Paulista contra o XV de Piracicaba. A partida estava empatada em 1x1 quando o árbitro Armando Marques assinalou pênalti para o Corinthians aos 44 minutos do segundo tempo. César bate e o goleiro Emir do XV de Piracicaba defende, desperdiçando a chance da vitória mosqueteira.

No clássico realizado contra o Santos no dia 20 de abril de 1975, no estádio do Morumbi, novo pênalti para o Corinthians aos 30 minutos do segundo tempo. César bate e novamente desperdiça a cobrança. O jogo termina empatado em 0x0. Outra chance de vitória mosqueteira desperdiçada nos pés de César em um pênalti. Na partida realizada no dia 03 de maio de 1975, no estádio do Pacaembu, contra o América de São José do Rio Preto, novo penal para o Corinthians. O atacante Vaguinho perde duas vezes a cobrança, mandando o árbitro Nilson Cardoso Bilha retornar por irregularidade. Na terceira chance do Corinthians, César se apresenta para a batida, porém, é contido em peso por seus companheiros de Corinthians. O volante Ruço bateu e converteu. O Corinthians venceu por 2x0 e Basílio completou o placar. A passagem de César pelo Corinthians, que durou apenas oito meses, não foi nem sombra do que realizou no Palmeiras. No Parque São Jorge, em 37 jogos, o artilheiro anotou apenas 8 gols.

Mais tarde, o jogador adquire seu próprio passe, alugando-o ao Santos, onde permaneceu por apenas três meses. Rodou por clubes como Botafogo de Ribeirão Preto, Fluminense de Feira de Santana, Rio Negro do Amazonas, Universidade Católica do Chile, Salonico da Grécia, retornando ao Rio de Janeiro para defender o Fluminense, encerrando, no final de 1977, aos 32 anos, a carreira de jogador profissional. Após sua despedida dos gramados, César Maluco declarou orgulhosamente: "Eu digo para todo mundo que comecei no Fla e terminei no Flu. Isso não é para qualquer um". Mas, certamente, o maior orgulho que César Maluco carregou por todo o tempo que foi jogador profissional de futebol, foi ter envergado e honrado o manto sagrado do Palmeiras.

O velho ídolo palestrino iniciou carreira de treinador, passando por clubes de menor expressão como Platinense de Goiás, Serrano da Bahia, Guaxupé de Minas Gerais e Ceilândia do Distrito Federal, além de trabalhar nas categorias de base do Palmeiras no final dos anos 80, quando ajudou a revelar o goleiro Velloso. O técnico César Maluco confessa que sua imagem e, principalmente, seu apelido de "Maluco", prejudicaram-no muito na tentativa de galgar um lugar como treinador de uma grande equipe, desabafando: "Eu era um jogador polêmico, às vezes brigão, e me apelidaram de Maluco. Era César Maluco pra lá, César Maluco pra cá. Não era maldade, mas acabou dando uma fama que eu não merecia. Depois que eu parei de jogar futebol e tentei ser técnico este apelido me prejudicou bastante, e até hoje me complica a vida", lamenta o ex-centroavante.

Após abandonar os gramados, César Maluco impulsionado por Afanásio Jazadi, decidiu se candidatar a uma cadeira na Câmara de Vereadores em São Paulo em 1988. Mas, mesmo contando com o apoio maciço da torcida palmeirense, não conseguiu se eleger. Quatro anos depois, em 1992, voltou a se candidatar, mas novamente foi derrotado nas urnas, fazendo com que o ídolo da torcida do Palmeiras desistisse da carreira política.

Ao desistir de entrar na vida pública, César continuou trabalhando no futebol, exercendo a função de olheiro e professor em escolhinhas, até surgir a oportunidade de trabalhar na revenda de automóveis, atuando tanto como empregado e como patrão. Recentemente, aceitou o convite para ser gerente de consórcios de uma revendedora ligada à Mercedes-Benz, aumentando o time com a presença de vários craques do passado como Leivinha, Esquerdinha, Dorval, Coutinho e Ademir da Guia.

César reside na Zona Oeste de São Paulo, e é casado com Terezinha. Tem três filhas e dois netos. Em 2006, o ídolo palestrino sofreu um grave acidente automobilístico em São Paulo, na avenida Heitor Penteado, sofrendo fraturas e precisando ser submetido a várias cirurgias.

O ex-jogador também atua como comentarista esportivo e apresentador no programa "César na Área", no "Canal de São Paulo", sintonizado nos canais 18 e 36 da TVA.

O ídolo César Maluco prova, a cada dia que passa, que continua sendo o mesmo palmeirense fanático das épocas em que esteve em campo com a camisa do clube. Frequentemente, o herói alviverde aparece na mídia declarando todo o seu amor pelas cores verde e branco do time do Parque Antártica. César provou que, para ser ídolo e marcar época no Palmeiras, não é necessário ser craque, muito menos estar "certo da cabeça". César Maluco provou também que sempre foi maluco sim, mas de amores pelo Palmeiras.

Em 324 partidas com a camisa do Palmeiras, César Maluco anotou 180 gols, com 170 vitórias, 91 empates e 63 derrotas, sendo o segundo maior artilheiro da história do clube, atrás apenas de Heitor – artilheiro que atuou pelo Palmeiras entre os anos de 1916 a 1931, popularmente chamado pelos torcedores palmeirenses italianos de "Ettore", com 284 gols, em 330 jogos.

LUÍS PEREIRA

Normalmente, a vida de um zagueiro é marcar o adversário e não permitir que ele faça gols. No entanto, para o baiano Luís Edmundo Pereira, nascido em 21 de junho de 1949, em Juazeiro, na Bahia, a história não foi bem essa. Luís Pereira ficou conhecido como um dos melhores zagueiros centrais da história do futebol brasileiro, nunca decepcionando quando estava à frente da meta adversária. Em várias ocasiões, anotou gols decisivos e iniciou jogadas que ficaram eternizadas nos pés de outros jogadores palestrinos.

O menino Luís Pereira, assim como muitos outros garotos que depois brilharam no futebol, também não teve uma infância fácil. No entanto, não demorou muito para fugir da terrível seca nordestina. Junto com a sua família, fez o mesmo que muitos de seus conterrâneos: tentar a sorte em São Paulo – o grande eldorado da fartura e da riqueza no Brasil na época.

Na capital paulista, Luís Pereira continuou alimentando uma de suas maiores paixões: o futebol. Defendeu a equipe infantil da General Motors em São Caetano do Sul, cidade localizada na região do ABC, em São Paulo. Mas a necessidade fez com que Luís Pereira deixasse de lado o futebol na equipe do ABC para trabalhar duro como torneiro mecânico e ensacador de farinha, nunca deixando de lado o seu amor pelo esporte.

Impulsionado pelo seu bom futebol, além de incentivos de amigos, resolveu tentar a sorte em um clube profissional de futebol. Em todas as suas folgas no trabalho, corria atrás de um time a fim de realizar um teste, sonhando em ser aprovado. As tentativas de Luís Pereira não foram poucas, assim como as rejeições que sofreu nos clubes nos quais realizou testes, até ser aprovado no São Bento de Sorocaba em 1966, aos 15 anos de idade.

O esforço de Luís Pereira em encontrar seu lugar ao sol no futebol não foi em vão, e apenas dois anos o separaram entre o início no futebol profissional e a chance de brilhar em um grande clube da capital paulista. Em 1968, aos 18 anos, o futebol de Luís Pereira foi notado pelo Palmeiras, mesmo permanecendo a maior parte do tempo no banco de reservas da equipe do São Bento. No Verdão, o jogador se transferiu para marcar época e fazer história.

O zagueiro chegou ao Parque Antártica para ser apenas mais um entre as feras da segunda academia do Palmeiras, e, a exemplo da época em que atuava em Sorocaba, no Palmeiras chegava para novamente ser reserva, dessa vez do zagueiro Baldocchi da seleção brasileira. Logo no início, o jogador foi apelidado por seus companheiros de King Kong por possuir as pernas arqueadas, devido a uma torção congênita da tíbia, que fazia o zagueiro praticamente ralar os joelhos quando caminhava, tendo os pés virados para dentro. Algum tempo depois, quando os demais jogadores do Palmeiras descobriram que o zagueiro havia defendido os infantis da General Motors em São Caetano do Sul, recebeu outra alcunha: Luís Chevrolet.

A estreia de Luís Pereira com a camisa do Palmeiras aconteceu no dia 03 de novembro de 1968, em amistoso realizado contra a equipe do São Paulo, no estádio Municipal de São Carlos, na cidade de São Carlos no interior paulista. A partida terminou com a vitória do time do Morumbi por 3x2. O primeiro gol de Luís Pereira com a camisa do Palmeiras aconteceu no dia 28 de março de 1971, na vitória palmeirense sobre o Santos por 2x0, no estádio do Pacaembu, em partida válida pelo primeiro turno do Campeonato Paulista daquele ano.

O Luís Chevrolet, ou King Kong, só passou a ser chamado e reconhecido por seu verdadeiro nome de batismo – Luís Pereira – quando conseguiu a titularidade no Palmeiras, e isso aconteceu durante a disputa brasileira na Copa do Mundo do México em 1970, quando o titular da posição, o zagueiro Baldocchi – uma das feras de Zagallo no mundial – ficou na suplência de Brito e Piazza. Mesmo com seu estilo todo desengonçado, o zagueiro de 1,81 metros de altura, assumiu a titularidade da defesa palmeirense a ponto de desbancar Baldocchi – um dos grandes zagueiros do futebol brasileiro.

Com um futebol de raça e técnica, força e habilidade, Luís Pereira tornou-se um dos grandes beques do futebol brasileiro. O jogador, alto e forte, chegava firme nas divididas, mas nunca apelava para a violência, sempre fazendo jogo limpo. Na antecipação de jogadas, ele era perfeito. Bom no cabeceio, tanto na defensiva como na ofensiva, o zagueiro, além de segurar as pontas na zaga, caracterizou-se em partir com a bola dominada para o campo de ataque, principalmente quando o placar não era favorável ao Palmeiras. Ele arrancava e fazia o passe, apresentando-se para a tabela ou colocando-se na área como um centroavante matador esperando o cruzamento.

Em diversas ocasiões, o jogador foi à frente como um autêntico atacante, saindo de seus pés gols importantes ou passes perfeitos para outros atacantes concluírem em metas adversárias. O jogador partia para o ataque mesmo "matando do coração" os treinadores e os goleiros, que se desesperavam com a indisciplina tática defensiva de Luís Pereira, época em que, em via de regra, zagueiro era zagueiro e pronto!

Alguns lances ofensivos de Luís Pereira ficaram marcados, como por exemplo, o gol marcado contra a equipe do Internacional na fase final do Campeonato Brasileiro de 1973, em partida realizada no dia 17 de fevereiro de 1974, no estádio do Morumbi, vencendo o Palmeiras de virada o Inter por 2x1. O zagueiro chileno Figueroa abriu o placar da partida aos 5 minutos do primeiro tempo. O centroavante mineiro Ronaldo empatou o jogo aos 32 minutos do segundo tempo e Luís Pereira, aos 35 minutos da segunda etapa, decretou a virada palmeirense na partida, rumando a equipe para a decisão contra o São Paulo no dia 20 de fevereiro de 1974, no Morumbi. O Palmeiras, após um empate em 0x0, garantiu o bicampeonato brasileiro.

Na final do Campeonato Paulista de 1974, contra o rival Corinthians, que amargava uma interminável fila de 20 anos sem títulos, em 22 de dezembro, no estádio do Morumbi, Luís Pereira deu início ao gol do título, após roubar a bola de Rivelino no meio-campo, tocando para Jair Gonçalves na direita, que cruzou para o centroavante Ronaldo fuzilar a meta do goleiro corintiano Buttice, aos 24 minutos do segundo tempo. Após o título, Luís Pereira dedicou a conquista ao técnico do clube Oswaldo Brandão e à torcida do Palmeiras. Esses foram apenas dois dos muitos lances de gol que Luís Pereira protagonizou com a camisa do Palmeiras.

Os títulos com a camisa do clube começaram a surgir para Luís Pereira em 1969, com a conquista do Torneio Roberto Gomes Pedrosa, quando o jogador ainda era suplente da zaga. Ainda em 1969, conquistou o charmoso e tradicional torneio internacional Ramon de Carranza, em Cádiz na Espanha.

Em 1972 e 1973, já consagrado como um dos grandes zagueiros do futebol brasileiro, ele conquistou o bicampeonato brasileiro. Levantou o caneco paulista em duas oportunidades, em 1972 e 1974. No mesmo ano em que o Palmeiras de Luís Pereira deixou o rival Corinthians mais um ano na fila, conquistou novamente o Torneio Ramon de Carranza na Espanha, repetindo a dose em 1975, totalizando três conquistas para o Palmeiras.

Em 1973, o zagueiro recebeu sua primeira oportunidade com a camisa da seleção brasileira, estreando no dia 06 de junho no amistoso realizado contra a seleção da Tunísia, no estádio Cartago, em Tunis, na Tunísia. O Brasil, sob o comando de Zagallo, aplicou uma goleada de 4x1.

Um ano após sua estreia com a camisa da seleção canarinho, Luís Pereira, aos 25 anos, já envergava em seu currículo a primeira Copa do Mundo de sua carreira. Convocado pelo técnico Zagallo para, ao lado de Marinho Perez, ser o responsável pela defesa tupiniquim durante o mundial da Alemanha, o jogador do Palmeiras atuou em seis das sete partidas que o Brasil disputou no mundial. A estreia de Luís Pereira com a camisa da seleção brasileira em Copas do Mundo aconteceu no dia 13 de junho de 1974, no estádio Wald Stadion, em Frankfurt, na Alemanha Ocidental, contra a seleção da Iugoslávia, cujo placar apontou um empate em 0x0 na estreia brasileira no mundial.

O zagueiro Luís Pereira foi, indubitavelmente, um dos maiores destaques brasileiros daquele mundial, ajudando o Brasil a chegar às semifinais da competição. O jogador só atuou em seis das sete partidas brasileiras no mundial porque na partida realizada contra a Holanda de Cruyff e Neeskens, no dia 3 de julho, no estádio Westfalen Stadion, em Dortmund, na segunda fase do mundial, o zagueiro, cansado do baile imposto pelo time holandês, cometeu jogada violenta em cima de Neeskens, sendo expulso pelo árbitro alemão Kurt Tschencher. Sua expulsão foi algo até então impensável pelo caráter e pelo jogo limpo que o atleta sempre demonstrou dentro de campo.

Ao retornar ao Brasil, o jogador foi muito criticado pela sua expulsão na partida contra a Holanda, quando o Brasil foi derrotado por 2x0, dando adeus às chances de conquistar o tetracampeonato. Contudo, muita gente se esquece de que o zagueiro havia feito uma excelente partida, salvando inclusive um gol da Holanda na risca da meta brasileira defendida por Emerson Leão.

No mundial de 1974, como o próprio Luís Pereira afirmou, aconteceram muitas coisas erradas, a começar pelo fato de empresários estarem em meio à delegação, oferecendo contratos volumosos aos atletas, além do fator técnico do time brasileiro, muito abaixo do esperado, não sendo nem sombra da espetacular seleção do tricampeonato de 1970. O zagueiro resumiu a participação brasileira no mundial, dizendo que o quarto lugar foi espetacular pelo futebol que o time apresentou dentro de campo, não merecendo nada além disso.

Com a camisa da seleção brasileira, Luís Pereira atuou em 38 partidas, assinalando um gol. Sua última partida com a camisa canarinho aconteceu no dia 14 de julho de 1977, no estádio Pascual Guerrero, em Cáli, na Colômbia, contra a seleção da Bolívia em partida válida pelas eliminatórias da Copa do Mundo de 1978. O Brasil, sob o comando do mestre Oswaldo Brandão, aplicou uma sonora goleada de 8x0 em cima dos bolivianos.

Mesmo com o fiasco brasileiro na Copa da Alemanha Ocidental de 1974, Luís Pereira conseguiu consagrar-se para o mundo como um dos grandes zagueiros em atividade no futebol, chegando assim, em 1975, junto com o time do Palmeiras à Espanha, onde já era conhecido, para a disputa do Torneio Ramon de Carranza. O clube do Parque Antártica esnobou no bom futebol, fazendo atuações dignas dos melhores times europeus.

Luís Pereira encheu os olhos dos espanhóis com seu futebol mágico na zaga. O Palmeiras venceu o Zaragoza por 1x0 na primeira partida e bateu o forte Real Madrid por 3x1 na decisão do torneio, realizada no dia 31 de agosto de 1975, em Cádiz. Impressionado com o futebol majestoso do zagueiro do Palmeiras, o técnico do Atlético de Madrid, Luís Aragonés, conseguiu convencer o vice-presidente do clube, Salvador Santos Campano, a contratar o brasileiro.

Naquela época, com a abertura política espanhola, graças ao fim do franquismo (regime político espanhol que permaneceu entre os anos de 1939 e 1975, que apoiava o fascismo e o nacional socialismo, encerrou-se com a morte do Chefe de Estado espanhol, o ditador Francisco Franco e a ascensão do Rei Juan Carlos ao poder), a Espanha passou a reforçar suas equipes com jogadores estrangeiros. O Barcelona trouxe os holandeses Cruyff e Neeskens, o Real Madrid, os alemães Breitner e Netzer e o Atlético de Madrid resolveu contar com jogadores sul-americanos no elenco, como os argentinos Ayala e Heredia e o paraguaio Benegas.

A equipe, que já contara alguns anos antes com os brasileiros Vavá e Ramiro, gastou um milhão de dólares na contratação dos palmeirenses Luís Pereira (400 mil dólares) e Leivinha (600 mil dólares). A saída de Luís Pereira do Palmeiras não foi bem vista pela torcida, pois o jogador era um dos principais símbolos da segunda "Academia de Futebol do Palmeiras". Segundo torcedores do Palmeiras, que até hoje sentem o fato de Luís Pereira ter deixado o clube em meados dos anos 70, afirmam que naquela época a diferença salarial entre o futebol brasileiro e o europeu não era tão grande como agora, portanto, não conseguem entender o motivo de um de seus maiores ídolos ter deixado o Parque Antártica.

A última partida de Luís Pereira com a camisa do Palmeiras, em sua primeira passagem pelo clube, foi exatamente na decisão do Torneio Ramon de Carranza contra o Real Madrid.

O ídolo palestrino chegou todo cheio de presença na Espanha. Era aclamado como um dos melhores zagueiros do mundo, ganhando um poema de Ayrton Pelim:

Luís Pereira é um cisne;
Nadando num mar de fé;
Monteiro Lobato do Norte;
Lupicínio de Taubaté.

No Brasil havia uma grande polêmica: quem era o melhor zagueiro central do mundo? O chileno Elias Figueroa do Internacional ou Luís Pereira do Palmeiras? A disputa para saber quem era o maior xerife dos gramados era tão acirrada que foi necessário o Rei do Futebol dar o veredicto final: Pelé escolheu Luís Pereira. E ainda por cima completou: "Luís Pereira é o maior zagueiro do mundo!" Algum zagueiro em todo o "planeta bola" poderia esperar uma honraria maior do que essa?

Com toda essa moral, Luís Pereira, assim como Leivinha, tornou-se ídolo no Atlético de Madrid. A estreia de ambos ocorreu contra a equipe do Salamanca no estádio do Atlético de Madrid, Vicente Calderón, vencendo a equipe madrilena por 4x0, com Leivinha anotando 3 gols. O zagueiro, na Espanha, aprendeu a atuar em uma posição diferente da que atuava no Brasil, passando a ser o líbero da equipe de Madrid, com a camisa número 5 nas costas.

Luís Pereira continuou desfilando toda a sua maestria em gramados europeus, continuou partindo para o ataque e assinalando seus gols. Na Espanha, era o goleiro Miguel Reina que quase "morria do coração" com as descidas de Luís Pereira ao ataque.

Em pouco tempo, o zagueiro tornou-se ídolo e recebeu mais uma alcunha para sua coleção. Com a camisa do Atlético de Madrid, passou a ser chamado de "El Mago". Os torcedores do clube, em homenagem ao zagueiro, criaram a torcida Peña Atlética.

Em 1978, o jogador conquistou o posto de capitão da equipe e permaneceu no clube até 1980, quando, por problemas financeiros, o Atlético de Madrid, que terminou a temporada em 13º lugar na liga espanhola – a pior colocação da história do clube no campeonato até então –, precisou negociar Luís Pereira. Então, na metade de 1980, o craque despediu-se do Atlético de Madrid, e em 171 partidas, anotou 17 gols, conquistando o título espanhol na temporada de 76/77.

Retornando ao Brasil, o zagueiro vestiu a camisa do Flamengo por cinco meses. Nem de longe conquistou o mesmo brilho da época do Palmeiras. Em 1981, retornou à sua mais querida casa. Foi contratado pelo Palmeiras para ser o grande líder da equipe, no clube em que a academia de outrora não existia mais, e por ser o mais experiente e um dos últimos remanescentes do áureo período da "Academia de Futebol do Palmeiras", o zagueiro recebeu mais uma alcunha: "Luisão". A reestreia de Luís Pereira no Palmeiras aconteceu no dia 06 de maio de 1981, no estádio do Parque Antártica, contra a equipe do Comercial de Ribeirão Preto, em partida válida pelo primeiro turno do Campeonato Paulista daquele ano, cujo placar apontou o empate em 1x1. O zagueiro permaneceu no clube por mais três anos, até que, em 1984, o jogador se despediu do clube.

Em uma época de "vacas magras" para o Palmeiras, amargando um jejum de títulos que durava 8 anos na época, o jogador, aos 35 anos, foi considerado velho pelos dirigentes do clube, ainda mais após uma falha num clássico contra o Santos em 1984, quando o zagueiro bateu uma bola na própria trave do Palmeiras, quase resultando no gol santista. É verdade que Luís Pereira já não era mais nenhum garoto, cujos ímpeto e vontade incessantes de atacar faziam parte do passado. Mas a atitude da diretoria do Palmeiras em dispensar um de seus maiores jogadores de todos os tempos como se fosse um "perna de pau" qualquer foi, no mínimo, triste.

A última partida de Luís Pereira com a camisa do Palmeiras como jogador profissional aconteceu na derrota por 1x0 para o Santo André no estádio Bruno José Daniel, em Santo André, região do ABC, em São Paulo, em partida realizada no dia 02 de dezembro de 1984, na última rodada do segundo turno do Campeonato Paulista daquele ano.

Em 1990, o jogador realizou de fato sua última partida com a camisa do Palmeiras no amistoso realizado contra o combinado carioca no dia 27 de maio de 1990, no estádio do Pacaembu, cuja renda da partida foi destinada à família do jogador Vagner Bacharel, ex-Palmeiras, que havia falecido devido a um choque na cabeça, em uma disputa de bola, quando atuava pelo Paraná Clube. O Palmeiras venceu o jogo por 9x0.

Após sair do Palmeiras, Luís Pereira continuou trilhando seu caminho no futebol, já que como o próprio zagueiro define, ainda tinha lenha para queimar. Passou por clubes como Portuguesa de Desportos em 1985, sagrando-se vice-campeão paulista. Em 1986, vestiu a camisa do maior rival do Palmeiras, emprestando um pouco de sua técnica ao Corinthians, o que desagradou muito a torcida palmeirense.

Contudo, no Parque São Jorge, o jogador esteve muito longe do ídolo que foi no Parque Antártica, atuando em apenas 24 partidas com a camisa do Corinthians, não anotando nenhum gol. A partir daí, o jogador passou a atuar como um cigano em equipes de menor expressão como Santo André, Central de Cotia, São Caetano, até encerrar a carreira em 1992, aos 41 anos, no São Bento de Sorocaba, mesmo clube em que havia iniciado sua carreira no futebol em 1966.

Quando pendurou a chuteira, Luís Pereira não abandonou o futebol. Começou a investir na carreira de treinador, iniciando no próprio São Bento de Sorocaba, passando também pelo Sãocarlense e São Caetano como auxiliar técnico. As boas lembranças da época em que passou pela Espanha fizeram com que o ídolo do Palmeiras aceitasse o convite para trabalhar nas categorias de base do Atlético de Madrid, clube no qual também foi ídolo.

A popularidade de Luís Pereira é tão grande, que o jogador é constantemente citado no antigo seriado mexicano de TV – Chaves –, que há muitos anos é exibido pelo SBT no Brasil, cujo personagem Chaves sempre grita o nome de Luís Pereira quando está jogando bola com o seu amigo Quico.

O zagueiro atuou em 568 jogos pelo Palmeiras, o que fez de Luís Pereira ser o 6º jogador que mais vezes entrou em campo com a camisa do Verdão, anotando 35 gols, um recorde entre os zagueiros do clube e em todo o futebol brasileiro.

Luís Pereira provou que um zagueiro, necessariamente, não precisa apenas deter o ímpeto dos atacantes adversários, mas também pode ser o pesadelo dos zagueiros adversários, decidindo partidas e marcando muitos gols por sua equipe.

Luizão foi um jogador completo. Defendia e atacava como craque. Ele foi um gênio da zaga que cansou de balançar as redes dos goleiros adversários. Pelo Palmeiras passaram grandes beques ao longo de sua história, mas com o perdão a todos os outros, nenhum deles conseguiu ser superior a Luís Pereira – o maior zagueiro da história do Palmeiras de todos os tempos.

JULINHO BOTELHO

Inegavelmente, Garrincha foi um dos maiores pontas da história do futebol mundial de todos os tempos, cujos dribles e jogadas geniais foram, para muitos, só inferiores às peripécias de Pelé – o Rei supremo do futebol. Mas o que o palmeirense deve, sem dúvida nenhuma, se orgulhar, é o fato de um dia ter atuado no Parque Antártica outro grande ponta-direita da história do nosso futebol: Julinho Botelho. O paulista Júlio Botelho, nascido e criado no bairro da Penha, em São Paulo, no dia 29 de julho de 1929, foi o maior ponta-direita da história do Palmeiras.

O garoto Júlio, antes de iniciar sua trajetória de glórias no Palmeiras, tentou a sorte no maior rival do clube do Parque Antártica: o Corinthians. O atleta chegou ao Parque São Jorge em 1948, aos 19 anos. Porém, não foi aproveitado como deveria – para desespero dos corintianos e alegria dos palmeirenses –, pois foi colocado para atuar fora da posição de origem, na ponta-esquerda. O jogador permaneceu por pouco tempo no Corinthians, transferindo-se para o Juventus da Mooca em 1950. No "Moleque Travesso", Julinho Botelho permaneceu menos tempo ainda. Apenas seis meses separaram o ponta-direita da Portuguesa de Desportos.

O jogador chegou ao Canindé em 15 de fevereiro de 1951, contratado pelo Juventus por CR$ 50.000,00. A estreia do jogador aconteceu no Torneio Rio-São Paulo de 1951, no dia 18 de fevereiro, contra o Flamengo, no Maracanã, com derrota da Lusa por 5x2.

No dia 24 de fevereiro de 1951, no mesmo Torneio Rio-São Paulo contra o América, no estádio do Pacaembu, o jogador marcou seus dois primeiros gols com a camisa da Portuguesa. O ponta-direita realizou grandes proezas com a camisa da Lusa. Esteve em campo na célebre goleada de 7x3 sobre o Corinthians que aconteceu em 25 de novembro de 1951, no estádio do Pacaembu, em partida válida pelo Campeonato Paulista daquele ano. Julinho anotou 4 tentos na partida em que a torcida do Corinthians elegeu o goleiro Gilmar como culpado – só voltou a ter novas oportunidades cinco meses depois dessa partida, tornando-se, posteriormente, o maior goleiro do Brasil de todos os tempos.

Julinho Botelho fazia parte de um dos maiores times da história da Portuguesa e do futebol mundial, contando com uma linha de ataque que era a base da seleção paulista da época com Julinho, Renato, Nininho, Pinga e Simão.

No Canindé, o jogador conquistou dois títulos do Torneio Rio-São Paulo, em 1952 e 1955 – nessa época, o Torneio possuía a mesma importância de um campeonato nacional.

Também no Canindé, Julinho Botelho conseguiu sua primeira convocação para a seleção brasileira. Sob o comando de Zezé Moreira, o jogador foi convocado para a disputa do Campeonato Pan-Americano no Chile e fez sua estreia com a camisa canarinho no dia 6 de abril de 1952, no estádio Nacional de Santiago, contra a seleção do México. O Brasil venceu por 2x0. O primeiro gol de Julinho Botelho com a camisa da seleção brasileira aconteceu no mesmo Campeonato Pan-Americano, no dia 13 de abril, no estádio Nacional de Santiago, no Chile, na goleada brasileira sob a seleção do Panamá por 5x0. Conquistou ainda o Campeonato Sul-Americano em 1952 e a Copa Roca em 1960, realizando 31 jogos e marcando 10 gols.

Em 1954, como atleta da Portuguesa (Julinho Botelho foi convocado para a seleção brasileira em 17 oportunidades com a camisa da Portuguesa), incluindo a disputa da Copa do Mundo da Suíça. A estreia do jogador em um mundial aconteceu no dia 16 de junho de 1954, no estádio F.C Servette, na cidade de Genebra, na Suíça, contra a seleção do México. O Brasil aplicou uma goleada por 5x0. Nessa partida, Juninho também anotou seu primeiro gol em uma Copa do Mundo, que foi, aliás, uma pintura. O jogador esteve em campo nas três partidas brasileiras no mundial, inclusive na "batalha de Berna" contra a forte seleção húngara de Puskas e Kocsis, realizada no dia 27 de junho de 1954, no estádio Wankdorff, na cidade de Berna. O placar de 4x2 para a seleção da Hungria e o segundo tento de Julinho Botelho na Copa passaram a ser apenas um mero detalhe em meio ao festival de "botinadas" e agressões impostas pelas duas equipes em campo e fora dele.

Os jogadores Nilton Santos e Maurinho do Brasil, além de Bozsik da Hungria, foram expulsos e, assim que o árbitro suíço Paul Wissling decretou o final da partida, os jogadores, dirigentes e membros da comissão técnica das duas equipes iniciaram no gramado uma verdadeira batalha campal, e "o pau literalmente comeu". Os jogadores brasileiros correram atrás do atacante Kocsis. O zagueiro Pinheiro desferiu uma garrafada em Puskas que nem jogou devido a uma contusão. Sem contar que a maioria das pessoas corriam atrás do árbitro suíço. O Brasil foi eliminado da Copa e a Hungria surpreendentemente acabou sendo derrotada pela Alemanha Ocidental na decisão por 3x2. Julinho Botelho foi escolhido o melhor ponteiro-direito da Copa da Suíça em 1954.

O técnico da Fiorentina, Fulvio Bernardini, ficou maravilhado com a participação de Julinho Botelho no mundial, o melhor jogador do escrete canarinho, segundo Puskas. Com o brilho da atuação do ponta-direita ainda bem vivo na mente, o treinador declarou: "Se conseguirmos Julinho, teremos o título". Então, em julho de 1955, após a conquista do torneio Rio-São Paulo, a Fiorentina contratou o jogador junto à Portuguesa de Desportos por míseros 5.500 dólares, numa época em que não era comum a transferência de jogadores brasileiros ao futebol europeu. O ponta-direita se despediu da Portuguesa após 191 jogos e 10 gols marcados.

Mesmo com a mãe doente, Julinho Botelho desembarcou em Florença, na região italiana da Toscana, para fazer história no clube. Com 1,77 metros de altura e uma bela massa muscular, o "narigudo" Julinho Botelho não possuía um físico comum aos jogadores que atuavam como pontas. Em geral, eram franzinos e com estatura relativamente baixa. O time da Fiorentina reservou para Julinho a camisa 7, ficando eternizado como um dos maiores estrangeiros que já atuaram no futebol da Terra da Bota.

Em comparação aos brasileiros, sua passagem pelo "Calcio" só se compara a jogadores como Mazzola, Falcão, Careca e Kaká. Em pouquíssimo tempo, tornou-se o principal homem de ataque pela direita do futebol europeu. O carinho da torcida era tão grande que, em certa ocasião, o ídolo viajou escondido no banheiro de um trem para fugir do assédio dos fãs. Há também uma placa, que existe até hoje em um restaurante de Florença, que diz: "Aqui almoçava Julinho".

O *"signore"* Botelho, como era chamado na Itália, possuía um futebol cheio de categoria, com dribles insinuantes e jogadas de efeito. Nunca dava chutões e sempre chegava à linha de fundo para colocar um companheiro em excelentes condições de gol. Partia em velocidade com muita habilidade pela ponta-direita, deixando vários marcadores para trás. Foi o principal jogador da equipe na conquista do primeiro *escudeto* nacional do clube, na temporada de 1955/1956, além de conquistar o vice-campeonato nas duas temporadas seguintes.

Em três temporadas no futebol italiano, Julinho Botelho anotou 22 gols. Em meados de 1958, mesmo sendo amado pela torcida de Florença, a saudade do Brasil bateu forte no coração de Julinho, que queria muito retornar ao país. Mas como permitir que um ídolo reverenciado e adorado pela torcida saia do clube? A mesma questão foi posta aos dirigentes do clube italiano, que fizeram uma proposta irrecusável para que Julinho permanecesse na Itália. O jogador, que havia sido apelidado pelo jornalista brasileiro Geraldo José de Almeida de "Flecha Dourada", na Itália passou a ser chamado de "Senhor Tristeza", pelo fato de não conseguir retornar à sua terra amada.

Em 1958, o bonachão Vicente Feola, técnico da seleção brasileira, e a própria CBD, pretendiam de todas as formas contar com Julinho Botelho na disputa da Copa do Mundo na Suécia, cujos pontas seriam ele e Joel. Mas, incrivelmente, o jogador preferiu não atender ao chamado, pois acreditava ser injustiça que um jogador atuando no futebol internacional tomasse o lugar de outro atleta que jogava no Brasil. Dessa forma, o planeta pôde conhecer Mané Garrincha. O Brasil conquistou seu primeiro título mundial e Mané Garrincha foi aclamado por toda a sua genialidade. Mas após a decisão do mundial contra a Suécia, um fato chamou a atenção. O lateral esquerdo sueco Sven Axbom, esgotado após o baile imposto por Garrincha, declarou que o Brasil possuía um ponta-direita, jogando na Itália, bem melhor que Garrincha, e que, para sorte de todos os adversários, ele não esteve presente na Copa.

A empolgação com a brilhante conquista brasileira no mundial, bem como a tristeza pela morte do pai em São Paulo, fizeram com que Julinho Botelho retornasse ao Brasil no mesmo ano, em 1958, recebendo todo o carinho e as considerações do povo italiano. Vários clubes mostraram-se interessados pelo futebol de Julinho Botelho, como Vasco da Gama e Corinthians, mas o jogador preferiu mesmo atuar em seu time de coração: o Palmeiras.

O jogador chegou ao Parque Antártica já consagrado como um dos grandes ídolos do futebol mundial para fazer parte da base da equipe que seria campeã paulista no ano seguinte, após um jejum de 9 anos. Fez sua estreia no clube no dia 26 de junho de 1958, no estádio do Pacaembu, contra o time do São Paulo em partida válida pelo Campeonato Paulista. O Palmeiras venceu o rival por 4x3. O primeiro gol de Julinho Botelho com a camisa do Palmeiras aconteceu no dia 06 de agosto de 1958, no estádio do Parque Antártica, contra a equipe do Nacional da Capital, em partida válida pelo Paulistão daquele ano. O jogador anotou logo dois tentos na vitória palestrina por 3x1, aos 37 segundos e 32 minutos do primeiro tempo. Chinesinho anotou o terceiro gol palmeirense aos 6 minutos do segundo tempo e Pádua do Nacional descontou aos 39 minutos da segunda etapa.

Com a camisa alviverde, Julinho Botelho fez história, participando de partidas memoráveis no clube, como por exemplo, na vitória por 4x0 sobre o rival Corinthians realizada no dia 21 de agosto de 1958, no estádio do Pacaembu, em partida válida pelo primeiro turno do Paulistão, ocasião em que o Palmeiras amargava quase sete anos sem vitórias contra o seu maior rival, passando por quinze partidas, perdendo dez e empatando cinco vezes. Julinho anotou o segundo tento palmeirense aos 16 minutos do primeiro tempo. Na goleada imposta pelo Verdão em cima do Santos de Pelé por 5x1 no dia 29 de novembro de 1959, no estádio do Parque Antártica, em São Paulo, Julinho anotou 2 gols.

Nessa partida, o Palmeiras decolou rumo à decisão do campeonato contra o próprio Santos, em uma eletrizante série melhor de três, quando, após dois empates em 1x1 e 2x2, o Palmeiras venceria o imbatível Santos de Pelé por 2x1 de virada no dia 10 de janeiro de 1960, no estádio do Pacaembu, com gols de Pelé para o Santos, aos 14 minutos do primeiro tempo, Julinho Botelho aos 43 minutos do primeiro tempo, e Romeiro, de falta, aos 3 minutos da segunda etapa. Assim, Julinho conquistou o seu primeiro título com a camisa do Verdão – o supercampeonato paulista de 1959, título que enche a torcida palmeirense de orgulho até hoje.

Ainda em 1959, de volta ao futebol brasileiro, Julinho Botelho decidiu voltar também a defender sua pátria com a camisa da seleção brasileira. Mas o amistoso realizado contra a Inglaterra no dia 13 de maio de 1959, em comemoração ao título mundial conquistado na Suécia no ano anterior, tinha tudo para ser uma catástrofe pessoal para Julinho. Contudo, a história foi bem diferente graças à genialidade do jogador.

Era a primeira vez que o escrete canarinho jogava no Maracanã após a conquista do primeiro título mundial. O *"English Team"* era a única seleção que não havia perdido para o Brasil na Copa da Suécia, empatando em 0x0. Os problemas para Julinho começaram quando a escalação do Brasil foi anunciada para os mais de 100 mil torcedores presentes no Maracanã, soando pelos alto-falantes do maior do mundo a seguinte escalação: Gilmar, Djalma Santos, Bellini, Orlando e Nilton Santos, Dino Sani e Didi, Julinho, Henrique, Pelé e Canhoteiro.

O Maracanã veio abaixo, como num mar de vaias, com a ausência de Garrincha no time titular e a entrada de Julinho Botelho. Afinal de contas, estava de fora da partida o maior ídolo do futebol carioca – a alegria do povo, o gênio das pernas tortas – para a entrada de um jogador paulista. O técnico Vicente Feola preferiu não escalar Garrincha, pois ele estava alguns quilos acima do peso. Então, a oportunidade surgiu para Julinho envergar a titularidade na ponta-direita do escrete canarinho.

Contudo, as vaias da torcida foram ouvidas por todos nos vestiários, inclusive por Julinho, que ao perceber tanto descontentamento, ouviu de seu companheiro também carioca Nilton Santos, longe do bairrismo exagerado da torcida presente no Maracanã, a seguinte frase: "Vai lá e faz eles engolirem essa vaia". Se já não bastasse o ocorrido, o craque palmeirense acabou tropeçando no último degrau de acesso ao gramado do Maracanã, sendo segurado pelo goleiro inglês. Porém, as vaias e o descontentamento do povo carioca com a presença do jogador palmeirense em campo duraram apenas 2 minutos, quando o jogador, após um passe de Henrique e uma deixada de Pelé, marcou um gol antológico no Maracanã. Dez minutos depois, Julinho Botelho realizou a jogada para Henrique assinalar o segundo gol brasileiro na partida.

Garrincha não estava em campo, mas Julinho Botelho fez seu papel com a mesma genialidade, e transformou os zagueiros ingleses Flowers e Armsfield em autênticos "Joões". O ponta-direita foi o nome do jogo, realizando uma atuação de gala. O forte time da Inglaterra – uma das mais temidas seleções da Europa e berço do nascimento do futebol –, não foi capaz de segurar o ímpeto ferido de Julinho, que ao final da partida presenciou os mesmos torcedores que o haviam vaiado incessantemente antes do início da partida, aplaudirem-no de pé, também incessantemente.

O jogador não aguentou a emoção e, sem conseguir segurar as lágrimas, chorou muito. No dia seguinte, os jornais ingleses noticiavam: "O Brasil possui outro Garrincha". Com seu futebol mágico, Julinho Botelho calou o bairrismo incorporado em um Maracanã lotado. O grande dramaturgo Nelson Rodrigues descreveu assim a epopeia de Julinho Botelho, naquele dia 13 de maio, em sua coluna na revista Manchete Esportiva do dia 16 de maio de 1959:

Nunca um craque foi tão só.

Ele não parou mais, aquela multidão se arremessara contra ele como um touro enfurecido, mas ele agarra o touro à unha e lhe quebra os chifres.

Jamais houve um gol tão amorosamente sofrido como este. Enfiou a bola de uma maneira, por assim dizer, sádica.

Aquele jogo foi o instante sagrado de uma carreira tão divina como a de outros Deuses. Julinho Botelho eternizou ali sua presença no Olimpo do futebol.

Em 1960, o jogador conquistou com a camisa da seleção brasileira o título da Copa Roca no dia 29 de maio contra a seleção da Argentina no estádio Monumental de Nunes, em Buenos Aires, e o Brasil aplicou uma goleada de 4x1, Julinho Botelho anotou um gol para a seleção canarinho. De volta ao Palmeiras, o jogador conquistou o título da Taça Brasil (campeonato equivalente ao atual Campeonato Brasileiro) no dia 28 de dezembro de 1960, no estádio do Pacaembu, contra a equipe do Fortaleza por impiedosos 8x2.

A primeira partida, realizada no dia 22 de dezembro no estádio Presidente Vargas, em Fortaleza, estado do Ceará, apontou a vitória palmeirense por 3x1, o que garantia o título e a única vaga brasileira oferecida até então para a disputa da Taça Libertadores da América ao Palmeiras, mesmo se o clube perdesse em São Paulo por um gol de diferença.

Mas, na segunda partida, o Palmeiras não deu a mínima chance ao Fortaleza. Julinho Botelho deixou o seu gol no primeiro título palmeirense da Taça Brasil. Na primeira Taça Libertadores da América de sua história, disputada no ano seguinte, em 1961, o Palmeiras chega ao vice-campeonato, perdendo a decisão para o time uruguaio do Peñarol.

Em 1962, o craque recebeu o convite do treinador Aimoré Moreira para fazer parte do grupo que conquistaria o bicampeonato brasileiro na Copa do Mundo no Chile, porém, o ponta-direita mais uma vez preferiu ficar de fora por dores no joelho. O técnico Aimoré Moreira chegou a declarar para Julinho Botelho: "Vá assim mesmo. Tua simples presença incentiva o grupo". Julinho respondeu: "Não posso prejudicar a seleção, leve o menino". O menino ao qual Julinho se referia era o ponta-direita da Portuguesa, Jair da Costa, que acabou conquistando o bicampeonato mundial como reserva de Garrincha. Mas uma vez, o ídolo Julinho Botelho perdeu uma oportunidade de ser campeão do mundo com a seleção brasileira.

Em 1963, conquistou outro título com a camisa do Palmeiras – o Campeonato Paulista. A briga pelo título do Paulistão era entre Palmeiras e São Paulo, mas o título alviverde aconteceu na penúltima rodada do certame contra a equipe do Noroeste de Bauru, no estádio do Pacaembu, e o Verdão venceu por 3x0 com um gol de Julinho Botelho aos 17 minutos do segundo tempo. Servílio marcou os outros 2 gols palmeirenses aos 14 e 43 minutos da segunda etapa, garantindo o título estadual ao clube.

O Palmeiras já havia vencido o rival Corinthians por impiedosos 5x2 com 2 gols de Julinho Botelho na antepenúltima rodada do campeonato realizada no dia 4 de dezembro de 1963, no Pacaembu, e somente cumpriu tabela contra o outro rival, São Paulo, na última rodada acontecida no dia 17 de dezembro, no mesmo estádio do Pacaembu, e Julinho Botelho, com um gol aos 34 minutos do segundo tempo, não permitiu que o São Paulo carimbasse a faixa de campeão paulista do Palmeiras.

Em 1965, o ponta-direita conquista seu último título com a camisa do Palmeiras – o Torneio Rio-São Paulo. No mesmo ano, o jogador também esteve presente no dia 07 de setembro de 1965, data em que o Palmeiras representou o Brasil contra a seleção do Uruguai em um dos amistosos que marcavam a inauguração do Mineirão. O Brasil/Palmeiras com Julinho Botelho em campo derrotou o Uruguai por 3x0.

Em 1967, o jogador já não conseguia mais ser o ponta que atormentava as defesas adversárias com seus dribles desconcertantes e seus gols magníficos. As dores no joelho o incomodavam cada vez mais e, Julinho, aos 37 anos de idade, decidiu se aposentar do futebol.

Sua partida de despedida com a camisa do Palmeiras aconteceu no amistoso realizado contra o Náutico, no dia 12 de fevereiro de 1967, no Parque Antártica, em disputa pelo troféu Campeões São Paulo-Pernambuco. O Palmeiras venceu por 1x0 com gol contra de Zé Carlos aos 6 minutos da primeira etapa. Julinho Botelho foi substituído pelo peruano Gallardo, que na primeira bola que errou, ouviu os gritos da torcida pedindo o retorno de Julinho ao gramado.

Assim, Julinho Botelho encerrava uma carreira de glórias no futebol com a gloriosa camisa alviverde, clube que defendeu por quase 9 anos, tempo suficiente para entrar na galeria dos maiores ídolos da torcida do Palmeiras de todos os tempos.

Após encerrar suas atividades no futebol, o ídolo alviverde continuou trabalhando no esporte como técnico das categorias de base do próprio Palmeiras, Corinthians e Portuguesa de Desportos, dirigindo brevemente o time profissional. Contudo, resolveu largar tudo para fundar o Rio Branco da Penha, time de futebol varzeano, que representa o bairro em que o craque nasceu e foi criado. Longe da mídia e dos carinhos da torcida de outrora, o ídolo passou a administrar os seus imóveis alugados e, de certa forma, caiu no ostracismo.

A paixão do italiano por Julinho Botelho é tão grande que o jogador, em 1995, foi convidado para a festa do primeiro *escudeto* conquistado pela Fiorentina na temporada de 1955/1956. Naquela ocasião, o jogador e sua esposa receberam passagens aéreas e hospedagem em hotel cinco estrelas na Itália, sendo homenageado por mais de 40 mil pessoas presentes no estádio, que aclamavam Julinho como o principal jogador da conquista da equipe de Florença e um dos maiores jogadores do clube italiano de todos os tempos. A Fiorentina imortalizou a camisa número 7 utilizada por Julinho Botelho.

Infelizmente, ele foi mais um craque do passado que chegou à velhice muito pobre. No início de 2000, o ídolo sofreu um grave problema cardíaco, não possuindo o dinheiro necessário, cerca de R$ 25.000,00, para a colocação de um aparelho indispensável ao funcionamento de seu coração. Sua família chegou a oferecer garantias aos médicos, que por sua vez, não aceitaram. Chegou-se a discutir a ideia da realização de um torneio entre Palmeiras, Portuguesa de Desportos e Fiorentina – as três equipes que Julinho defendeu – cujo arrecadação seria entregue ao hospital, mas supostamente a diretoria do Palmeiras não respondeu à ideia proposta. Para piorar as coisas, logo depois do aparecimento do problema cardíaco, ele sofreu um derrame cerebral que paralisou parcialmente seu corpo, precisando permanecer em uma cadeira de rodas.

Durante o período em que o jogador se manteve internado na UTI do hospital Nossa Senhora da Penha, em São Paulo, os dirigentes italianos ligavam constantemente para a família a fim de obter informações acerca de sua saúde. O ídolo palmeirense faleceu no dia 11 de janeiro de 2003, vítima de parada cardiorespiratória. No funeral do jogador, a diretoria da Fiorentina enviou muitas bandeiras à família em homenagem a Julinho, que era pai de cinco filhos.

Com a camisa do Palmeiras, Julinho Botelho esteve em campo 269 vezes, com 163 vitórias, 53 empates e 53 derrotas, marcando 81 gols. Julinho foi um autêntico artista da bola, um jogador que, com a sua habilidade e seus lances geniais, extrapolou as barreiras do esporte, transformando uma simples partida de futebol em um espetáculo digno dos maiores shows da humanidade, sendo considerado um dos maiores jogadores da história do Palmeiras. Se o carioca acompanhava de perto Garrincha – o Gênio das Pernas Tortas –, os palmeirenses, em São Paulo, acompanhavam bem de perto Julinho Botelho – o Gênio de Pernas Retas.

OBERDAN CATTANI

O Palmeiras sempre foi um clube que se orgulhou de possuir grandes goleiros ao longo de sua história. No entanto, um deles conseguiu ser o melhor de todos. Seu nome: Oberdan Cattani.

O goleiro Oberdan Cattani, nascido no dia 12 de junho de 1919, em Sorocaba, iniciou sua carreira aos 20 anos de idade, defendendo o time do Fortaleza de Sorocaba em 1939. No ano seguinte, atuou defendendo a meta do São Bento.

Antes de iniciar a carreira gloriosa no gol palestrino, Oberdan Cattani trabalhava como motorista de caminhão, carregando laranjas para o mercado municipal de Sorocaba de duas a três vezes por semana. O árduo trabalho como caminhoneiro rendeu-lhe um grande fortalecimento nas mãos, afinal de contas, manusear o pesado volante de um caminhão "queixo duro" carregado, não era tarefa fácil.

O jovem, em algumas ocasiões, costumava ir a São Paulo, enfrentando os 96 quilômetros que separavam a capital paulista de Sorocaba, cujo trajeto, no final da década de 30, durava cerca de três horas e meia. Nas visitas realizadas à capital, Oberdan nunca perdia a oportunidade de dar uma espiadinha no treinamento do Palestra Itália – seu time de coração – ocasião em que comentava com um amigo que, brevemente, tomaria o lugar daquele goleiro que estava treinando.

Filho de uma família genuinamente italiana, o jovem goleiro recebeu um convite para realizar um teste no Corinthians, porém foi impedido por sua família, que deixou bem claro a Oberdan que, caso escolhesse seguir carreira no futebol, teria que ser no Palestra Itália, o time que representava a pátria mãe no Brasil. Para Oberdan, atuar no clube não era tarefa complicada, pois o garoto, desde cedo, já tinha o Palestra Itália como preferido de seu coração. Mas, vivendo em uma época na qual os meios de comunicação eram bem precários, o jovem só tinha acesso às notícias do Palestra Itália quando conseguia ler o jornal O Estado de São Paulo, ou por intermédio de conversas com familiares ou outros membros da comunidade italiana em Sorocaba.

Em 1940, impulsionado por seu primo Athos e pelo ex-jogador do Palmeiras Miguel, o jogador atendeu ao convite para realizar um teste no segundo quadro do Palestra Itália. Dessa forma, o arqueiro aproveitou uma folga no trabalho, deixando o caminhão e as laranjas de lado para realizar um teste na meta do clube. Oberdan foi aprovado no teste para fazer história no clube, tornando-se o maior goleiro da meta alviverde de todos os tempos.

Já em 1940, o goleiro ficou no banco de reservas do time principal, cujo titular era o arqueiro Gijo, na partida realizada contra o Corinthians no dia 5 de maio, em partida válida pela Taça Cidade de São Paulo – torneio comemorativo de inauguração do Pacaembu –, cujo público de 60.000 torcedores era o maior da história do futebol brasileiro que se tinha noticia até então. O Palmeiras venceu o Corinthians por 2x1 ficando com a Taça.

O arqueiro foi chamado para treinar no time principal após o Palestra Itália sofrer uma derrota por 3x1 para a Portuguesa de Desportos, em partida realizada no dia 13 de outubro de 1940, no Pacaembu, válida pelo segundo turno do Campeonato Paulista daquele ano.

Dono de um estilo próprio de galãs de cinema dos anos 40, Oberdan deixava sempre em evidência seu penteado, além de seu bigode bem aparado. O goleiro, que iniciou carreira no Palestra Itália aos 22 anos, possuía mãos enormes. Conta a lenda que chegava a pegar a bola na frente de atacantes como Leônidas e Baltazar, por exemplo, segurando-a com apenas uma mão.

Com 1,85 metros de altura, deixava de lado seu estilo pacato e tranquilo quando entrava em campo para se transformar em uma verdadeira muralha do Palestra Itália. Com sua elasticidade, agilidade e colocação perfeita debaixo da meta, igualava-se a poucos como ele. Com sua camisa azul marinho e a enorme letra "P" de Palestra no peito, era o terror dos atacantes adversários.

A estreia de Oberdan Cattani como titular da meta palestrina aconteceu no dia 2 de março de 1941, contra a equipe do SPR (São Paulo Railway) no estádio do Pacaembu, em partida válida pelo Torneio Início do Campeonato Paulista daquele ano, vencendo o Palestra Itália por 1x0 com gol de Pipi. O primeiro gol sofrido por Oberdan Cattani na meta profissional do clube aconteceu no dia 12 de março de 1941, no estádio do Pacaembu, contra o rival Corinthians, em partida válida pela Taça Duque de Caxias, cuja renda foi destinada à construção do monumento a Duque de Caxias (Duque de Caxias foi o patrono do exército brasileiro e único duque brasileiro a participar da luta pela independência do país. O monumento, que se localiza na Praça Princesa Isabel, no centro de São Paulo, demorou 20 anos para ser inaugurado). O placar apontou 2x1 para o Corinthians e o autor do feito foi o corintiano Carlinhos, aos 15 minutos do primeiro tempo. O Corinthians ficou com a Taça.

A busca da perfeição por parte do goleiro era tão forte, que o jogador relaxava em seus dias de folga, geralmente, às segundas-feiras, treinando o reflexo com uma bolinha de tênis, atirando-a na parede da varanda de sua casa e, sem que ela caísse no chão realizava a defesa. O goleiro confessou que o time do Palestra Itália já treinava demais, e, em certa ocasião, ficou treinando e concentrado em Poá por 45 dias.

Mesmo assim, o arqueiro fazia questão de continuar seus treinamentos, inclusive nos momentos de lazer e descontração. Certamente, esse tipo de treinamento foi determinante para que Oberdan Cattani possuísse uma virtude muito cobrada pelos goleiros da atualidade – a saída de gol. O goleiro, com suas mãos enormes, que para muitos era como um "imã gigante" atraindo a bola, realizava a jogada com perfeição e, como diz a lenda, utilizando apenas uma das mãos.

Além de treinar muito, também era um fanático torcedor do Palestra Itália, não admitindo nenhum tipo de desrespeito pela sua equipe, por isso, em certa ocasião, decidiu sair de casa para ir à padaria na véspera de um clássico contra o Corinthians. No caminho, foi apresentado a um corintiano fanático, que durante a conversa, resolveu cometer o grave erro de tentar subornar Oberdan Cattani no clássico do dia seguinte. Com os brios ofendidos e indignado com o pedido inoportuno do torcedor alvinegro, sem titubear, desferiu um grande soco que acertou em cheio o rosto do corintiano, iniciando, assim, uma grande algazarra. O agredido pediu auxílio a um policial presente no local, porém deu azar novamente, pois a autoridade, palestrino da cabeça aos pés, apoiou a decisão de Oberdan, mandando que o corintiano desonesto saísse do local.

Em 1942, o goleiro foi testemunha viva do fim do Palestra Itália e do nascimento do Palmeiras, quando o clube foi obrigado a mudar de nome devido à derrota dos países do eixo Itália, Alemanha e Japão na Segunda Guerra Mundial, pois tudo que pudesse fazer menção a esses países era muito marginalizado no mundo inteiro. Diversos comércios e clubes foram fechados por serem de descendência dos países do eixo.

Como o Palestra Itália era um clube declaradamente da colônia italiana de São Paulo, não encontrou alternativa senão mudar o nome do clube para Palestra de São Paulo, sob pena de ter todos os seus bens apreendidos e confiscados pelo governo, mostrando o São Paulo grande interesse em herdar o estádio do clube. Porém, a estreia de Oberdan Cattani perante a meta do Palestra de São Paulo não foi das melhores. O time acabou derrotado por 4x1 pelo rival Corinthians, em partida válida pelo Torneio Quinela de Ouro – Taça Supremacia, no dia 28 de março de 1942, no estádio do Pacaembu.

Mesmo como o nome alterado, o clube seguiu sofrendo pressões do governo e, principalmente, do São Paulo para que retirasse o Palestra de seu nome, que apesar de ser uma palavra de origem grega, que significa praça ou local de esportes, lembrava a Itália. Portanto, o Palestra de São Paulo deixou de existir para entrar em campo no dia 20 de setembro de 1942, no estádio do Pacaembu, pela primeira vez, a Sociedade Esportiva Palmeiras, conquistando, logo em sua primeira partida, com o novo nome, o título paulista de 1942, após vencer exatamente o São Paulo por 3x1, com gols de Cláudio aos 20 minutos do primeiro tempo (mais tarde, o jogador seria ídolo e maior artilheiro da história do Corinthians), tornando-se o primeiro jogador a marcar um gol com o nome Palmeiras, e gol de Del Nero aos 43 minutos do primeiro tempo e Echevarrieta aos 15 minutos da segunda etapa. Waldemar de Brito, aos 23 minutos do primeiro tempo, anotou o gol do São Paulo.

Assim, Oberdan Cattani conquistou seu primeiro título com a camisa do ex-Palestra, agora Palmeiras. O título paulista de 1942 foi muito mais que uma conquista dentro das quatro linhas. Foi também um desabafo dos atletas do clube que não aguentavam mais a humilhação de serem chamados de fascistas, porcos e carcamanos pelas torcidas adversárias. O Palmeiras, que entrou em campo com seus jogadores empunhando a bandeira do Brasil, conquistou o título em cima do São Paulo com o mais profundo sabor de vingança.

O clube do Parque Antártica decidiu rebatizar a equipe com o nome Palmeiras em homenagem a outro antigo clube da capital – a Associação Atlética Palmeiras –, clube que gozava de bom relacionamento e admiração dos italianos do até então Palestra Itália.

Toda a confusão em que o Palmeiras se viu envolvido nas trocas de nome gerou um enorme mal estar histórico entre o clube e o São Paulo, cujos dirigentes tricolores tentaram de todas as formas, segundo relatos da época, se apropriar dos bens do Palestra. Tal fato teria supostamente incentivado o goleiro Oberdan Cattani a realizar esta declaração: "Os corintianos são rivais dos palmeirenses, os são-paulinos, inimigos". Muitos anos depois, ele nega que tenha dito tal frase, pois segundo o próprio goleiro, jamais desrespeitou nenhum rival.

O arqueiro atuou com a camisa da seleção paulista em várias oportunidades entre os anos de 1941 a 1952, e conquistou, em duas ocasiões, o título de campeão nacional nos anos de 1941 e 1942.

Com a camisa da seleção brasileira, Oberdan Cattani esteve em campo em nove ocasiões, realizando sua estreia no dia 14 de maio de 1944, contra a seleção do Uruguai, no estádio São Januário, Rio de Janeiro, sob o comando do técnico Flávio Costa, em partida amistosa. O Brasil venceu a Celeste Olímpica por 6x1. É verdade que o goleiro foi prejudicado por viver o auge de sua carreira nos anos 40 – a chamada década sem Copas –, mas em várias oportunidades em que Oberdan esteve defendendo a meta canarinho, ele esteve envolvido em várias polêmicas. Como por exemplo, na partida realizada contra a seleção da Argentina, no dia 14 de fevereiro de 1945, no estádio Nacional em Santiago do Chile, em partida válida pelo Campeonato Sul-Americano, o goleiro criticou, para quem quisesse ouvir, a escalação do meia flamenguista Jaime Almeida, que estava contundido.

A Argentina venceu o Brasil por 3x1, e todos os gols da equipe saíram de jogadas forçadas em cima do meia Jaime Almeida, sem condições de jogo. As críticas do goleiro repercutiram muito mal na CBD, fazendo com que o goleiro voltasse a ter poucas oportunidades de vestir a camisa da seleção canarinho. O "filme queimado" de Oberdan Cattani com a CBD veio à tona na convocação da seleção brasileira que disputou a Copa do Mundo realizada no Brasil em 1950, e convocados para a meta foram os goleiros cariocas Barbosa do Vasco da Gama e Castilho do Fluminense.

No Verdão, o goleiro realizava partidas memoráveis. Oberdan guarda com carinho uma em particular: o clássico realizado contra o Corinthians no dia 23 de maio de 1943, no estádio do Pacaembu, em jogo válido pelo primeiro turno do Campeonato Paulista daquele ano. Naquela partida, o goleiro literalmente fechou o gol, mesmo tendo pela frente Servílio de Jesus, "O Bailarino", que batia na bola como poucos. Segundo o próprio Oberdan, Servílio chutou bolas à queima-roupa, rasteiras, altas, a meia altura, em todas as posições da meta, mas defendeu todas, inclusive dois chutes rasteiros na pequena área, fugindo da especialidade do goleiro: as bolas aéreas. O Palmeiras venceu o clássico por 2x0 com 2 gols do meia Lima, "O Garoto de Ouro", que até então nunca havia marcado sobre o rival Corinthians.

Fora dos gramados, o arqueiro procurava se distrair no centro da cidade de São Paulo, indo ao cinema ou ao Teatro de Revista. Não perdia nenhuma apresentação de Oscarito, que acabou se tornando seu grande amigo. Dercy Gonçalves, Walter D'Ávilla, entre outros artistas, também eram apreciados pelo ídolo palmeirense. No cinema, Oberdan era fã incondicional de John Wayne. Nunca dispensava um bom bangue-bangue no Cine Art Palácio, cujo gerente era um palestrino "doente", que sempre deixava Oberdan e seus amigos assistirem aos filmes de graça.

Influenciado pelo cinema, o arqueiro costumava ir à Mappin Stores, na Praça do Patriarca, em São Paulo, a fim de comprar roupas e produtos para cabelo, que o deixavam com o ar de Clark Gable, a estrela do épico filme "E o Vento Levou" (filme lançado em 1939, dirigido por Victor Fleming, que conta o romance ocorrido entre um cínico aventureiro e uma jovem determinada em meio à guerra civil norte-americana. O elenco conta com Clark Gable e Vivien Leigh nos papéis principais, interpretando Rett Buttler e Scarlett O'Hara, respectivamente. O filme foi vencedor de dez Orcars).

Em 1944, o goleiro conquistou pela segunda vez o título de campeão paulista, repetindo a dose em 1947 e 1950. O jogador conquistou também com a camisa do Verdão, o Torneio Rio-São Paulo em 1951. Oberdan Cattani, em 14 temporadas defendendo o Palestra/Palmeiras foi o goleiro menos vazado em 13 oportunidades.

Porém, o título mais importante de sua carreira aconteceu longe de sua torcida, no estado do Rio de Janeiro – a Copa Rio em 1951, o mundial interclubes do Palmeiras.

A Copa Rio foi um torneio criado pela antiga CBD, para tentar elevar a autoestima do brasileiro pelo futebol, após o Maracanazo ocorrido no ano anterior contra o Uruguai no Maracanã, na primeira Copa do Mundo disputada no Brasil. Como a CBD possuía laços fortes de amizade com a FIFA, o projeto tomou corpo e de fato aconteceu. Inicialmente, a Copa Rio contaria com seis sedes (Recife, Curitiba, São Paulo, Rio de Janeiro, Belo Horizonte e Porto Alegre), mas como convencer clubes internacionais a disputarem um torneio do outro lado do oceano, quando até mesmo seleções se recusaram a participar da Copa de 1950 no Brasil?

A CBD reformulou as ideias, enxugou as possibilidades e chegou a apenas duas sedes, São Paulo e Rio de Janeiro – as duas principais praças do futebol brasileiro. Como representantes tupiniquins, a CBD nomeou o Palmeiras – campeão paulista de 1950 – e o Vasco da Gama – campeão carioca de 1950 (naquela época não existia um Campeonato Brasileiro de clubes, portanto, tanto Palmeiras como Vasco da Gama foram escolhidos para participar do Torneio por serem campeões das maiores praças futebolísticas do Brasil). Outras seis equipes estrangeiras, com muito esforço, aceitaram o convite: Sporting (Portugal), Nacional (Uruguai), Estrela Vermelha (Iugoslávia), Olympique Nice (França), Áustria Viena (Áustria) e Juventus de Turim (Itália). No grupo carioca ficaram Vasco da

Gama, Áustria Viena, Nacional e Sporting e no grupo paulista permaneceram Palmeiras, Juventus de Turim, Olympique Nice e Estrela Vermelha.

A estreia do Palmeiras na Copa Rio aconteceu no dia 30 de junho de 1951, no estádio do Pacaembu, em São Paulo, contra os franceses do Olympique Nice. Sem muitas dificuldades, o alviverde venceu a partida por 3x0, com gols de Aquiles, cobrando pênalti, aos 8 minutos do primeiro tempo. Ponce de Leon aos 11 minutos e Richard aos 30, completaram o placar no segundo tempo. Oberdan foi pouco exigido no jogo.

A segunda partida da equipe aconteceu novamente no Pacaembu, no dia 5 de julho, contra o Estrela Vermelha. Porém, ao contrário do primeiro jogo contra o Olympique Nice, quando Oberdan Cattani pouco foi exigido, contra o time da antiga Iugoslávia, Oberdan teve muito trabalho, e a equipe estrangeira abriu o placar com Ongzanov aos 8 minutos do primeiro tempo.

Aquiles, aos 30 minutos do primeiro tempo, e Liminha, aos 35 minutos do segundo tempo, garantiram a virada palestrina perante os iugoslavos.

A terceira partida do Palmeiras na competição aconteceu no dia 8 de julho, contra a equipe da Juventus de Turim, no estádio do Pacaembu, estando em disputa o primeiro lugar da chave paulista. Aquela tarde de domingo contra os italianos foi, sem dúvida nenhuma, inesquecível, pois jogando um péssimo futebol, quando nada dava certo, o Palmeiras, que após duas vitórias no certame, decidiu poupar alguns titulares e foi goleado por 4x0 pelos italianos, com 2 gols de Boniperti aos 10 e 18 minutos do primeiro tempo, Karl Hansen aos 3 e Praest aos 35 minutos do segundo tempo.

Como não bastasse a acachapante derrota palestrina, o intocável goleiro Oberdan Cattani realizou uma desastrada atuação, sendo considerado culpado pela derrota palmeirense por suas falhas na partida. O goleiro, sob a pressão do presidente do clube, Mário Frugiulle, perdeu o lugar na equipe para o seu reserva Fábio Crippa. Oberdan Cattani só voltaria a ter chances na meta titular do clube no ano seguinte.

Mesmo com a derrota para a Juventus de Turim, o Palmeiras se classificou como segundo lugar no grupo paulista e enfrentou o Vasco da Gama no dia 11 de julho de 1951, no estádio do Maracanã, no Rio de Janeiro, nas semifinais da competição. Mesmo enfrentando a forte equipe carioca do goleiro Barbosa, do zagueiro Danilo Alvim – "O Príncipe" – e do meia Ipojucan, favoritos à conquista do título e, que até então ostentavam três vitórias em três jogos, o melhor ataque da competição com 12 gols marcados e a melhor defesa com apenas 2 gols sofridos, o alviverde paulista se impôs no primeiro jogo e com gols de Richard aos 24 minutos do primeiro tempo e Liminha aos 37 minutos da segunda etapa, venceu o Vasco da Gama que chegou a empatar a partida em 1x1 com Maneca a 55 segundos do segundo tempo.

Contudo, não teve forças para superar o rival de São Paulo. Na segunda partida realizada no dia 15 de julho de 1951, no mesmo Maracanã, o Palmeiras segurou o ímpeto vascaíno que partiu com tudo para a virada, e o goleiro Fábio, substituto de Oberdan, foi o nome da partida.

O empate em 0x0 na segunda partida e a vitória por 2x1 no primeiro confronto, garantiram ao Palmeiras a vaga na decisão da Copa Rio contra a Juventus de Turim, que após um empate em 3x3 contra o Áustria Viena na primeira partida, despachou os austríacos no segundo jogo vencendo por 3x1.

A decisão do torneio trazia o desejo de vingança do Palmeiras contra a única equipe invicta na competição e favorita ao título – a poderosa Juventus de Turim. A primeira partida aconteceu no dia 18 de julho de 1951, no estádio do Maracanã, e a técnica Palmeirense acabou falando mais alto, vencendo a partida por 1x0 com gol de Rodrigues aos 20 minutos do primeiro tempo. O goleiro italiano Viola saiu de campo como o melhor jogador da partida, impedindo sua equipe de sofrer uma goleada.

Na segunda e decisiva partida, realizada no dia 22 de julho, no estádio do Maracanã, com a presença de 100 mil pessoas no estádio, o Palmeiras, que jogava por um empate após a vitória por 1x0 na primeira partida, esbanjou na garra e determinação para segurar o empate em 2x2 que garantia o título da competição. A Juventus abriu o marcador com Praest aos 18 minutos do primeiro tempo, Rodrigues empatou aos 2 minutos da segunda etapa, Karl Hansen fez 2x1 aos 18 minutos do segundo tempo e Liminha empatou novamente aos 32 minutos do segundo tempo, dando números finais à decisão.

Após o apito final do árbitro francês Gabriel Tordjan, o Palmeiras escreveu sua história no futebol internacional com o título da Copa Rio, um campeonato que foi considerado o primeiro mundial de clubes da história do futebol. No dia seguinte à conquista, os jornais estampavam a seguinte manchete: "Campeão do Mundo!".

Após a conquista da Copa Rio, Oberdan Cattani permaneceu um grande período alternando a titularidade da equipe com outros goleiros, ocupando a meta alviverde nesse período, além de Fábio, Cláudio, Herrera, Rugilo, Furlan, Frederico, Cavani e Laércio.

Às vésperas de completar 35 anos de idade, o goleiro acabou deixando o Palmeiras ao término de seu contrato, culpando o presidente do clube, Paschoal Giuliano, por sua saída. Segundo o goleiro, seu salário no clube era de 10 contos por mês. Quando o contrato terminou, o presidente ofereceu 5 contos, até que em um determinado momento, acabou dando-lhe o passe livre.

O último jogo de Oberdan Cattani perante a meta Palestrina aconteceu no clássico realizado contra o São Paulo no estádio do Pacaembu, no dia 7 de fevereiro de 1954, em partida válida pelo segundo turno do Campeonato Paulista daquele ano, cujo placar apontou a vitória tricolor por 2x1.

A saída de Oberdan do Palmeiras frustrou o sonho do goleiro em encerrar a sua gloriosa carreira no seu time de coração, chegando a dispensar propostas do futebol internacional, como do Colo-Colo do Chile e de um clube mexicano em prol desse ideal. Contudo, nunca aceitou, acreditando nas palavras do presidente Paschoal Giuliano, que afirmava categoricamente que Oberdan, por ser filho da casa, jamais sairia dela. Após 14 temporadas vestindo o manto alviverde, o goleiro rumou para o Juventus, permanecendo por um ano e encerrando a carreira logo depois. Mesmo atuando apenas um ano no time da Mooca, Oberdan Cattani é sócio benemérito e vitalício do clube juventino – algo que nunca aconteceu no Palmeiras, reclama o goleiro.

Atualmente, mesmo com quase 90 anos de idade, ele ainda é conselheiro do Palmeiras e jamais deixa de acompanhar o clube. A casa em que mora, localizada no bairro das Perdizes, Zona Oeste de São Paulo, é toda pintada de verde, e o ídolo possui um pequeno museu com objetos ligados ao clube.

Oberdan Cattani, à frente da meta palestrina, atuou em 351 jogos, com 207 vitórias, 76 empates e 68 derrotas, sofrendo 409 gols. Foi o 20° jogador que mais vezes entrou em campo com a camisa do clube.

O que dizer de um arqueiro que influenciou craques como Zito e Gilmar dos Santos Neves, que conseguia ser magnífico em uma época que, segundo ele mesmo, a bola ficava tão pesada que tinha que jogar com esparadrapo nas mãos e os homens de linha com os pés enfaixados?

Oberdan Cattani foi o símbolo de uma época em que a democratização passou pelo Palmeiras, época em que o clube, mesmo sofrendo toda a discriminação por causa de uma infeliz guerra, continuou grande e vencedor. Se todo time começa com um grande goleiro, a história do clube com o nome Palmeiras começou com o melhor de todos os tempos em sua meta. Oberdan Cattani – o melhor goleiro que a história já viu defendendo o gol do Palestra/Palmeiras.

MARCOS

É verdade que pela meta do Palmeiras já passaram grandes goleiros como Leão, Oberdan Cattani, Valdir Joaquim de Moraes, Veloso, entre outros. Mas nenhum deles, apesar de toda a técnica desempenhada com a camisa do clube, chegou a ser promovido a santo. Foi assim com o arqueiro Marcos Roberto Silveira Reis, nascido no dia 3 de julho de 1974, na pacata cidade de Oriente, interior de São Paulo.

O goleiro, com os seus milagres perante a meta palestrina, acabou se tornando o "São Marcos" do Parque Antártica. Um goleiro, que a cada ano que passa, prova que realmente só falta a auréola sobre a cabeça, pois a peregrinação dos devotos palmeirenses já acontece há anos.

O menino Marcos, filho do lavrador Ladislau e da dona de casa Antônia, passou toda a sua infância em um sítio na zona rural de Oriente, cidade que possui cerca de 5.800 habitantes, localizada a 472 quilômetros de São Paulo. O goleiro sempre adorou jogar futebol em meio aos demais garotos de Oriente, sonhando em atuar pelo meio-campo. Contudo, era sempre preterido por possuir um porte físico franzino, fato que incentivou seus irmãos mais velhos a fazerem com que se habituasse a jogar no gol, pois temiam que o irmão se machucasse nas divididas. Atuando no gol, sempre de pés descalços, já que utilizar uma chuteira naquela época era muito difícil, o menino Marcos Roberto foi criando gosto pela posição e sonhava, um dia, defender a meta do seu grande time de coração: o Palmeiras.

Antes mesmo de iniciar a carreira no Verdão, Marcos, que trabalhava em uma usina de açúcar, já se considerava um palmeirense fanático, gosto atribuído pela família do jogador, pois todos eram palmeirenses roxos. Para os membros da família Reis, seria uma grande decepção ver Marcos defendendo a meta de um rival, como Corinthians ou São Paulo, por exemplo.

O goleiro aventurou-se pela primeira vez em um clube profissional de futebol em 1991, em Lençóis Paulista, defendendo a equipe da Lençoense. No ano seguinte, aos 17 anos, resolveu tentar a sorte realizando um teste nos juniores do Palmeiras, sendo, para a sua felicidade e da família, aprovado. Marcos passou a receber do clube um salário inicial de R$ 2.000,00.

O jovem goleiro era apenas o quarto goleiro do elenco, atrás do veterano e consagrado Carlos e dos também inexperientes, César e Sérgio. A estreia do goleiro na equipe principal do Palmeiras aconteceu no dia 16 de maio de 1992, no amistoso realizado contra a Esportiva de Guaratinguetá, no estádio Dario Rodrigues Leite, em Guaratinguetá, Vale do Paraíba, em São Paulo. O Palmeiras venceu por 4x0, e Marcos, que recebeu a oportunidade do técnico Nelsinho Batista, atuou durante todos os 90 minutos.

A estreia do goleiro em uma competição oficial aconteceu quase quatro anos depois, no dia 30 de março de 1996, no estádio do Parque Antártica, em São Paulo, contra a equipe do XV de Jaú, em partida válida pelo Paulistão daquele ano.

O goleiro entrou em campo após o titular Velloso deixar o gramado contundido. O Palmeiras venceu por 4x0. Na partida seguinte, o titular Velloso retornou à meta palmeirense e Marcos voltou ao banco de reservas, entrando em campo novamente quase dois meses depois, na partida realizada contra o Botafogo de Ribeirão Preto, no estádio do Parque Antártica, no dia 19 de maio de 1996, quando o Palmeiras venceu por 4x0. Marcos, que já era apontado por muitos como o grande futuro goleiro alviverde, defendeu um pênalti.

O supertime de Vanderlei Luxemburgo conquistou o título paulista de 1996 com o "pé nas costas", quando o ataque palmeirense com Djalminha, Rivaldo, Müller e Luizão marcaram juntos 101 gols. Marcos, mesmo na reserva, conquistava o primeiro título com a camisa do clube.

Ainda em 1996, um fato chamou a atenção com relação ao goleiro Marcos. A seleção brasileira, sob o comando do Velho Lobo Zagallo, trouxe uma novidade na lista de convocados para o amistoso que foi realizado contra a seleção da Lituânia, no estádio Alberto Silva, em Teresina, no dia 16 de outubro de 1996. A lista trazia como goleiros o experiente Zetti e, surpreendentemente, o novato Marcos. O técnico Zagallo, que sempre dava oportunidades para Velloso, resolveu dar uma chance ao goleiro que estava substituindo muito bem o experiente goleiro que estava contundido, e que até então, era o preferido de Zagallo na seleção. Marcos não entrou em campo nessa partida que o escrete canarinho venceu por 3x1.

Após a estreia na seleção brasileira e no time titular do Palmeiras, Marcos voltou a figurar apenas como uma bela promessa do clube no banco de reservas, chegando a atuar esporadicamente no time titular entre os anos de 1996, 97 e 98. Fazendo parte do elenco, conquistou os títulos da Copa do Brasil e MERCOSUL em 1998 (ambas às vezes em cima do Cruzeiro), mas sempre como reserva de Velloso.

A grande virada na vida de Marcos aconteceu durante a campanha vitoriosa da equipe na Copa Libertadores da América em 1999. A competição começou com Velloso mais uma vez como titular, mas uma nova contusão do goleiro afastou o titular palestrino da meta a partir da quinta partida da equipe na competição, e o sexto jogo seria exatamente contra o rival Corinthians, no dia 17 de março de 1999, no Morumbi. A estreia de Marcos na Libertadores, com a camisa número 12, não foi feliz, pois o Corinthians venceu a partida por 2x1. O goleiro continuou como titular durante a recuperação de Velloso e foi exatamente novamente contra o Corinthians, porém nas quartas de final da Copa Libertadores da América, que Marcos se consagrou na meta do Palmeiras.

A partida, realizada no dia 5 de maio de 1999, no Pacaembu, seria, para muitos, um verdadeiro paradoxo não fosse a presença de Marcos em campo. O Corinthians jogou uma partida brilhante, sufocou o Palmeiras durante os 90 minutos, mas, ao contrário do que se possa imaginar, o time do Parque São Jorge acabou derrotado por 2x0 com gols de Oseias e Rogério. A explicação para o fato foi a atuação do goleiro Marcos que, sem dúvida nenhuma, realizou naquele inesquecível 5 de maio, uma das mais incríveis atuações de um goleiro em toda a história do futebol brasileiro. Naquele jogo, Marcos realizou verdadeiros milagres, tanto que a torcida palmeirense resolveu canonizá-lo como "São Marcos" do Parque Antártica.

Na segunda partida decisiva, o Corinthians deu o troco, vencendo a partida por 2x0, com gols de Edílson e Ricardinho, placar que acabou levando a decisão para os pênaltis. Nas cobranças, "São Marcos" mais uma vez fez a diferença, defendendo o pênalti do volante Vampeta, e contou com a sorte na cobrança de Dinei, que explodiu no travessão. O Palmeiras não desperdiçou nenhuma batida e foi para as semifinais contra o River Plate da Argentina. A equipe argentina não foi páreo para o Palmeiras de Marcos e Felipão. Após o triunfo por 1x0 conquistado na primeira partida realizada no dia 19 de maio de 1999, no estádio Monumental de Nunes, em Buenos Aires, na Argentina, com gol de Berti, a equipe argentina não teve forças para superar o irresistível Palmeiras dentro do Parque Antártica na partida de volta realizada no dia 26 de maio de 1999. Com 2 gols de Alex e um de Roque Júnior, o time do Palestra Itália se classificava para a grande decisão da Copa Libertadores da América.

Na grande final contra os colombianos do Deportivo Cáli, o Palmeiras foi derrotado na primeira partida que aconteceu no dia 2 de junho de 1999, no estádio Olímpico Pascual Guerrero, em Cáli, na Colômbia, pelo placar de 1x0 com gol de Bonilla. Na segunda partida, realizada no dia 16 de junho de 1999, no Parque Antártica, Evair abriu o marcador cobrando pênalti aos 19 minutos do segundo tempo. Zapata, também em cobrança de pênalti, empatou o jogo aos 24 minutos e Oseias fez 2x1 aos 30 minutos do segundo tempo, levando a decisão para os pênaltis.

Na decisão, "São Marcos" novamente fez milagres e levou a melhor contra os colombianos, inclusive sobre Zapata, que havia convertido a sua cobrança no tempo normal empatando o jogo, porém, chutou para fora a chance do título, garantindo ao Palmeiras a primeira Copa Libertadores da América de sua história. O goleiro Marcos, o grande herói da conquista Palestrina, recebeu o prêmio de melhor jogador da competição.

Após a conquista da Libertadores, Marcos deixou de ser o moço de Oriente para iniciar uma história reconhecida internacionalmente. Seu modesto salário de dois mil reais do início da carreira, passou para sessenta mil. Com esse aumento, o goleiro pôde comprar para o pai todas as terras da redondeza do sítio em Oriente, formando uma fazenda de 86 hectares com 300 cabeças de gado.

Mas, no mesmo ano da glória, acontece a primeira decepção de Marcos. O Palmeiras, campeão da Libertadores, encarou a equipe inglesa do Manchester United da Inglaterra, na final da Copa Toyota mundial interclubes, no dia 30 de novembro de 1999, no estádio Nacional de Tóquio, no Japão. O goleiro acabou falhando ao não conseguir cortar uma bola cruzada por Giggs na esquerda, que acabou sobrando para o irlandês Roy Keane tocar no gol vazio. O Palmeiras teve diversas oportunidades para empatar a partida, mas esbarrou no nervosismo de seus jogadores. O clube havia perdido o mundial interclubes devido a uma falha do goleiro Marcos, que naquela altura já era ídolo da torcida.

Em 2000, o goleiro conquistou dois títulos de menor expressão com a camisa do Palmeiras – o Torneio Rio-São Paulo e a Copa dos Campeões, no chamado time "bom e barato". Mas para o palmeirense, o título de 2000 aconteceu mesmo no dia 6 de junho, no estádio do Morumbi. Em jogo, estava a vaga na decisão da Copa Libertadores da América novamente contra o rival Corinthians. Na primeira partida, acontecida uma semana antes, no dia 30 de maio, no mesmo Morumbi, o Corinthians venceu por 4x3.

No segundo jogo, o Verdão não fez por menos e mandou 3x2 no placar, levando a partida para os pênaltis. Nas fatídicas cobranças, tudo igual. Marcelo Ramos, Roque Júnior, Alex, Asprilla e Júnior já haviam convertido para o Palmeiras. Do lado corintiano, Ricardinho, Fábio Luciano, Edu e Índio também já haviam convertido. A expectativa ficou por conta da última cobrança mosqueteira, e o encarregado seria Marcelinho Carioca, um dos maiores ídolos da história do Corinthians de todos os tempos e também o melhor batedor na bola do futebol brasileiro. O chumbo era grosso para Marcos.

No entanto, Marcos não se intimidou e, com uma ligeira adiantada, defendeu a cobrança de Marcelinho Carioca, levando o time para a segunda decisão consecutiva da Copa Libertadores da América. Na comemoração, o goleiro saiu correndo para a torcida, vibrando como se tivesse marcado um gol, fazendo até peixinho na comemoração. Mais tarde, o goleiro afirmou ter sido aquela a defesa mais importante de sua carreira.

O bom futebol de Marcos e a confiança depositada pelo técnico Luís Felipe Scolari, fizeram com que o goleiro conquistasse a condição de titular na Copa do Mundo disputada na Coreia e Japão em 2002. Marcos fez sua estreia em uma partida de Copa no dia 03 de junho, no Munsu Stadium, em Ulsan, na Coreia, contra a seleção da Turquia. O Brasil venceu por 2x1. Marcos foi titular das sete partidas brasileiras disputadas no mundial, sofrendo 4 tentos.

O goleiro conquistou o título de pentacampeão mundial, após a seleção tupiniquim bater a forte seleção da Alemanha por 2x0, no estádio de Yokohama, no Japão, no dia 30 de junho, com 2 gols de Ronaldo. Marcos acabou deixando no banco de reservas goleiros consagrados como Dida e Rogério

Ceni, sendo, indubitavelmente, um dos melhores goleiros da Copa, salvando o Brasil, em grande defesas, na final contra a Alemanha.

Talvez por uma questão mais política do que técnica, o alemão Oliver Kahn (que é, sem dúvida nenhuma, um dos maiores goleiros do mundo, mas que falhou na decisão contra o Brasil no primeiro gol de Ronaldo) ficou com o título de melhor jogador da Copa e, consequentemente, com o título de melhor goleiro.

No mesmo ano da conquista do penta, aconteceu outra grande decepção na carreira de Marcos: a queda do Palmeiras à serie B do Campeonato Brasileiro, sendo que anteriormente a equipe já havia sido desclassificada na Copa do Brasil de forma bisonha pelo modesto ASA de Arapiraca de Alagoas. Durante esse período, o jogador colecionou algumas proposta para deixar o clube, inclusive do Arsenal da Inglaterra. Mas, sempre deixando o coração palmeirense falar mais alto, decidiu que não era hora de deixar o clube, permanecendo firme e forte na luta pela volta à série A. Marcos declarou que se sentiria um covarde por fazer parte de um time que fez o Palmeiras cair e, em seguida, abandoná-lo no momento em que o clube mais precisaria dele. A volta à elite, em 2003, fez o goleirão alviverde respirar aliviado, com o senso do dever cumprido.

Mas nem tudo foi fácil na carreira de Marcos. Ele esteve constantemente frente a frente com um adversário implacável – as contusões. Após a Copa do Mundo, a carreira do atleta ficou fadada a muitas visitas ao departamento médico do Palmeiras devido a muitas contusões, como estas: 1997 – canela e tornozelo; 2000 – punho esquerdo; 2001 – dedo mínimo direito e polegar direito; 2003 – problema no pulmão, abdome, quadril, coxa e pé direito; 2004 – polegar esquerdo e punho esquerdo; 2005 – punho e dedo anelar esquerdo; 2006 – coxa direita e ombro direito; 2007 – fratura no braço esquerdo.

O arqueiro viveu algumas situações embaraçosas com uma placa de metal que precisou colocar no braço, devido a uma de suas contusões, sendo, em determinada ocasião, barrado na porta de um banco. Com o bom humor sempre em dia, o goleiro falou ao segurança que não poderia deixar o braço do lado de fora. O segurança sorriu e, em seguida, liberou a porta giratória para que ele entrasse.

Fora dos gramados, Marcos sempre foi considerado uma pessoa possuidora de grande caráter. É amado pela torcida palmeirense e muito respeitado por todas as torcidas adversárias. Seus companheiros o enxergam como uma pessoa de grande alto astral do elenco. Outro ponto forte na vida do atleta é a família. Marcos jamais é flagrado em festas e baladas. Nunca é alvo de polêmicas fora do campo e prefere manter-se longe dos holofotes. Sempre que o jogador vai enfrentar um difícil adversário, defendendo o Palmeiras ou a seleção brasileira, liga para a mãe, Dona Antônia, a fim de pedir conselhos e ganhar forças.

O lado católico de Marcos também fica evidente com a presença de um escapulário (espécie de amuleto religioso) que sempre carrega no pescoço. O goleiro também coleciona os vários "São Marcos" que recebe dos torcedores palmeirenses, em imagens, santinhos, fotos ou pingentes.

Simples ao extremo, em determinada ocasião, indagado por um repórter que lhe perguntou se ele se preocupava com sua imagem, o arqueiro mais do que depressa respondeu: "Se eu me preocupasse com a minha imagem, eu faria a barba!".

Em 2004, após a eliminação do time na Copa do Brasil, em partida realizada contra o Santo André, no dia 20 de maio, no Parque Antártica, permitindo o Palmeiras, após estar vencendo por 4x2, o empate da equipe do ABC, o goleiro foi chamado de "frangueiro" pela torcida. Mas, logo em seguida, o torcedor palmeirense caiu na real e percebeu o erro ao chamar de "frangueiro" um dos maiores heróis da história do clube.

As seguidas contusões afastaram Marcos da Copa do Mundo na Alemanha em 2006, quando o goleiro decidiu que o seu ciclo com a camisa amarelinha havia chegado ao fim.

No período em que o goleiro se recuperava de uma contusão na mão, em sua cidade natal, Oriente, recebeu vários convites para participar de festas de inauguração de supermercados, fato que é motivo de risos para o jogador.

Em 2007, o goleiro Marcos, devido a uma série de contusões, começou a perder espaço no time titular do Palmeiras, e somado aos seus problemas, surgiu também, das categorias de base do clube, um ótimo goleiro chamado Diego Cavalieri. Marcos passou por um longo período entre a recuperação e a incerteza. O goleiro, que sempre temeu ficar marcado por ser um jogador improdutivo, lutava com a garra de um verdadeiro gladiador para poder retornar à velha forma de sempre.

Quando todos acreditavam que o goleiro iria enfim encerrar a sua brilhante carreira no time do Palmeiras, Marcos ressurge como uma Fênix (pássaro da mitologia grega que quando morto, entrava em autocombustão e, em seguida, renascia de suas próprias cinzas. Também era capaz de carregar cargas muito pesadas, como elefantes, por exemplo. É o símbolo da imortalidade e do renascimento espiritual) durante o Paulistão de 2008 com a camisa 12 nas costas, a mesma que fez o goleiro surgir para o Mundo em 1999.

O herói da torcida alviverde retornou em grande estilo para o time titular do Palmeiras, contando com o apoio do elenco e a confiança do treinador Vanderlei Luxemburgo, que chegou a declarar que Marcos ainda tinha muita lenha para queimar. É verdade que o goleiro sabe não ser mais o mesmo garoto de antes, que possui deficiências físicas e que não pode treinar no mesmo ritmo de outros jovens goleiros, mas sabe que, dentro de campo, pode dar o máximo e alto nível com a camisa do Palmeiras. Atualmente, Marcos é um goleiro de jogo e não de treino.

Com o retorno de Marcão à meta palestrina, veio também o título de campeão paulista de 2008 – título que o clube não conquistava há 12 anos. No mesmo ano, o jogador, no mês de dezembro, foi eleito pela IFFHS (Federação Internacional de Estatísticas e História do Futebol) o terceiro jogador mais popular do mundo, em pesquisa realizada pela entidade. Marcos ficou à frente de jogadores como Kaká, Cristiano Ronaldo e Messi. À frente de "São Marcos" estiveram, surpreendente e estranhamente, os jogadores David Suazo (hondurenho que defende o Benfica) e Mohamed Aboutreika (egípcio que defende o Al-Ahly dos Emirados Árabes Unidos). Foi eleito ainda o terceiro melhor goleiro do Brasileirão de 2008.

Todos os jogadores do elenco do Palmeiras, sem exceção, declararam que o retorno de Marcos ao time titular trouxe de volta a alegria e a confiança ao elenco alviverde, moral que somente um paizão como "São Marcos" do Parque Antártica pode possuir em razão de seus títulos e representatividade junto à torcida do Palmeiras.

Se existem palavras para definir Marcos como um ídolo do Palmeiras, essas palavras são "torcedor em campo". Desde a sua chegada no clube, Marcos vem provando, a cada dia que passa, que o seu amor pelo Palmeiras é algo insuperável, capaz de romper barreiras entre as dores das contusões, os altos salários do futebol europeu e a crise da série B. Marcos é um rapaz simples do interior que se tornou herói em um dos maiores clubes do mundo, em razão de sua categoria e raça dentro de campo. O goleiro, que tem contrato assinado com o Palmeiras até o final de 2014 (como jogador até o final de 2011 e, na sequência, como membro da comissão técnica do clube até o final de 2014), tem tudo para fazer parte da célebre galeria de ídolos alviverdes, onde constam feras como Ademir da Guia, Junqueira e Waldemar Fiúme, que receberam bustos em homenagem a seus serviços nos jardins do Parque Antártica, por nunca terem jogado contra o clube. Até por que, como imaginar Marcos um dia enfrentando o Palmeiras? Como explicar um atleta com alma, corpo e coração verdes enfrentando o Verdão? Utopia? Para um autêntico palmeirense apaixonado como Marcos, sim.

No jogo realizado contra o Vasco da Gama no dia 21 de setembro de 2008, no estádio do Parque Antártica, em partida válida pelo Campeonato Brasileiro, cujo placar apontou a vitória Palmeirense por 2x0, Marcos realizou sua partida de número 400 com a camisa do Palmeiras.

No dia 14 de março de 2010, no clássico realizado contra o Santos, na Vila Belmiro, válido pelo Campeonato Paulista, que acabou com a imponente vitória Palmeirense por 4x3, Marcos realizou sua partida de número 483 com a camisa do Palmeiras, tornando-se o segundo goleiro que mais vezes vestiu a camisa do clube, atrás apenas de Emerson Leão com 617 jogos.

No dia 21 de abril de 2010, em partida realizada contra o Atlético Paranaense, no estádio da Arena da Baixada, em Curitiba, válida pelo Campeonato Brasileiro, que terminou empatada em 1x1, "São Marcos" do Palestra Itália realizou sua partida de número 489 no Verdão, fazendo dele o oitavo jogador que mais vezes vestiu a camisa do Palmeiras em toda a história do clube.

Certamente, a história de amor entre Marcos e o Palmeiras ainda se encontra muito longe de um epílogo. E, assim, o goleiro vai caminhando, realizando seus milagres debaixo da meta palestrina.

BIBLIOGRAFIA

LIVROS
Almanaque do Corinthians (Celso Unzelte)
Almanaque do Corinthians 1ª edição
Almanaque do Flamengo (Roberto Assaf e Clóvis Martins)
Almanaque do Palmeiras (Celso Unzelte e Mário Sérgio Venditti)
Almanaque do São Paulo (Alexandre da Costa)
Almanaque Interativo dos mundiais (Lance! Publicações)
Top 10 Timão (André Martinez)

REVISTAS

Grandes reportagens de Placar
Guia Brasileirão 2006 Placar (Placar)
Isto é Gente
Revista Já – Histórias das Copas 1930 – 1994 (Diário Popular)
Revista Veja

JORNAIS

A Gazeta (São Paulo, SP)
A Gazeta Esportiva (São Paulo)
Agora, Palmeiras campeão do mundo, suplemento especial (São Paulo)
Diário de São Paulo (São Paulo, SP)
Diário Popular (São Paulo, SP)
Folha de São Paulo (São Paulo, SP)
Jornal da Tarde (São Paulo, SP)
Lance! (São Paulo)
Notícias Populares (São Paulo, SP)
O Diário de Mogi (Mogi das Cruzes, SP)

SITES

www.abril.com.br
www.acffiorentina.it
www.adorocinema.com
www.almanaquedocruzeiro.com.br
www.baleiao.com.br
www.blog.soccerlogos.com.br
www.camisa12.esp.br
www.campeonatocarioca.kit.net
www.canalpalmeiras.com.br
www.cbfnews.uol.com.br
www.e-biografias.net
www.edmundoshow.hpg.com.br
www.estadao.com.br

www.evair.com.br
www.fanaticosporfutebol.com.br
www.fattostampa.com.br
www.ferroviariaararaquara.com.br
www.ferroviariasa.com.br
www.ffesportes.com.br
www.flaestatistica.com.br
www.futebolinterior.com.br
www.gazetaesportiva.net
www.geocites.com
www.hojeemdia.com.br
www.horadopovo.com.br
www.jbonline.terra.com.br
www.jornal.valeparaibano.com.br
www.juventus.com.br
www.lance.com.br
www.miltonneves.com.br
www.museudosesportes.com.br
www.netsaber.com.br
www.palestrinos.sites.uol.com.br
www.palmeiras.com.br
www.palmeirasonline.com
www.palmeirastododia.com
www.papodebola.com.br
www.parmerista.blogspot.com
www.pontoverde.com.br
www.portal.rpc.com.br
www.revistaepoca.sp.globo.com
www.riototal.com.br
www.sambafoot.co.uk
www.sao-bento.com
www.secondotuccifutebol.blogspot.com
www.site.araraquara.com.br
www.terra.com.br
www.uol.com.br

www.veja.abril.com.br
www.wikpedia.org
www.youtube.com
www.sportclub.com.br

OUTROS
As Figurinhas do Campeonato Brasileiro de 1991 (Editora Abril Panini)
DVD FIFA Fever, O Melhor da História do Futebol (Focus Filmes)